怪道[illegible]往く

高野 真

竹書房
怪談
文庫

※本書に登場する人物名は、様々な事情を考慮してすべて仮名にしてあります。また、作中に登場する体験者の記憶と体験当時の世相を鑑み、極力当時の様相を再現するよう心がけています。現代においては若干耳慣れない言葉・表記が登場する場合がありますが、これらは差別・侮蔑を意図する考えに基づくものではありません。

前口上

前作「東北巡霊 怪の細道」（共著）から二年。細道から、街道へ。

本書は、取りも直さず記憶の書である。

人々が胸に秘めてきた、ほろ苦い、背筋も凍る、俄に信じ難い、或いは懐かしい記憶を紐解き、文字に認《したた》め、梱包した一冊である。

本書には、登場人物全員が呪い死ぬような話も、閉ざされた村に密かに続く血塗られた因習も登場しない。そうした話がお好みの方は、諸先輩の書かれた他の書物に当たられるがよいだろう。

その代わり、本書には――。都市で、田舎で、山で、海で、北で、南で、あなたの隣人が体験したかもしれない記憶の数々が詰め込まれている。その数、五十八。

怪異は、語られ、記録され、そしてそれを読まれることで初めて怪談となる。

どうかあなたの居間で、書斎で、寝室で、眼前に数々の怪異が再現されますように。

さあ、出立の準備はよいだろうか。あなたと私の同行二人、怪を辿る旅である。

著者

目次

ナイトドライブ

右へ、左へ。汗にまみれた手で、月戸さんが小刻みにハンドルを切る。

右足を荒々しくブレーキへ。同時にクラッチを踏み込んでシフトダウン、再び加速。

時折現れる白い道路照明灯が、剛速球で後方へ去っていく。

「ちょっとー。速すぎるってー」

助手席に乗った彼女がきゃあきゃあと嬌声を上げる。

なるほど、都会よりも広い空には満天の星、窓を開けてこうして走っていればジェットコースターのようなスリルなのだろう。梢《こずえ》の向こうに目をやれば、沿岸を彩る一千万ドルの夜景も見えるはずだ。

けれども、今の月戸さんにはドライブデートを楽しむ余裕などどこにもなかった。

月戸さんの注意は、髪をなびかせて笑う彼女の向こう側に向けられている。

左サイドのドアミラーを覆うようにしがみついた、女のものと思しき手に。

いや、そんなことがあろうはずがない。法定速度を優に超えているのだ。

けれども、確かに。ミラーの付け根寄りから順に、人差し指、中指、薬指……と、左手であることがはっきり見て取れる。
色白でほっそりとした指先には、壊死したような青黒いマニキュアが塗られた爪。
皮膚の質感と言い、ぐっと力の込められた様子と言い、とても作り物には見えない。
もちろん、人を撥ねた訳でもない。カースタントをやっている訳でもない。
速度を上げてみたりした。車を蛇行させてみたりもした。それなのに。
ごりごりごりごりごりごり！
オーバースピードでコーナーへ進入したせいか、助手席側のタイヤが縁石を擦る。
車がひときわ大きく揺れて、彼女が何か言った。
何を言ったのか聞き直そうとして、つい視線を向けた月戸さんは息を呑んだ。
全開になった助手席のパワーウィンドウの、その窓枠にも手がしがみついている。
今度は右手である。その見た目から、ミラーを掴んでいる者と同一人物だと思われた。
そして、がっちりと食い下がった二本の手の間から。
黒い半球状の塊が今正に迫り出しつつあるではないか。
風を受けて猛然となびく繊維の束。
これは……頭じゃないのか。
じわり、じわりとずり上がってくる、誰かの頭。走行中の車にしがみつく、誰かの。

そんなものに乗り込まれてはたまらんと、パワーウィンドウのスイッチに手を伸ばす。
しかし気が急いているのか、指が目標を見失う。
そのたびに、車が揺れる。そのたびに、彼女がきゃっきゃと声を上げる。
ああ、もうだめだ。けれども、このままではやがて確実に顔が見えてしまう。
その顔に気を取られたときがゲームセット、自分の負けだ。
だから。月戸さんはもうミラーを見るのはやめた。
白いアコードが赤いテールランプを闇に残して、山を駆け下りていく。
兵庫県は六甲山上での出来事であると聞く。

そうは言っても

佐々木さんが高校を出て間もない頃というから、五、六年前の話であろう。

「あれ、こんな道、来るときに通ったっけ」

ぽっかりと口を開けたトンネルの前で、思わずブレーキを踏んだ。

時刻は間もなく深夜十二時である。なだらかとはいえ山あいであり、街灯もない。

途中何軒か家の明かりを見た気もするが、この辺りは人気もなく静まり返っている。

今、佐々木さんは、友人宅からの帰り道なのである。同じ市内とはいえ、初心者マークのドライバーには道順がいささか不安であった。

だからちゃんとカーナビを設定して出発したのだ。それなのに。

ダッシュボードに後付けしたカーナビの、手のひら大の画面をなぞる。

何となく、現在地は分かる。けれども、何故このルートを指示するのかが分からない。

友人宅から自宅までの最短距離でもない。取り立てて、幅の広い幹線道路でもない。

なのに蛍光色で記されたルートは、確かにトンネルを潜れと指示している。

不安を見透かすように、ルームミラーからぶら下げたドリームキャッチャーが揺れる。

このままトンネルへ入るのも不安だが、いつまでもここに留まるのも不安である。

意を決して、アクセルを踏み込んだ。


翌朝。アパートの下に駐めたワゴンRが朝陽を浴びている。

型は古いが大事な愛車である。今日は給油してから仕事へ行こうと思った。

しかし、この違和感は何だ。カンカンカンと鉄階段を下りて、様子を見に行く。

黒い車体のハッチバックが、妙に汚れている。猫か鳥の足跡のようなものが、びっしりスタンプされているのだ。昨日は、ここまで汚れていなかった気がするのだが。

近くまで寄ってみて、佐々木さんは思わず息を呑んだ。

動物の足跡のように見えていたそれは、全て人間の手形だったからである。

スタンプ式の印鑑よりも少しだけ径の大きな、けれどもきちんと五本の指が見て取れる小さな小さな手形が、ハッチバック全体をびっしりと埋め尽くしているのだ。

そういえば、と佐々木さんは思い出して、一人で得心した。

例のトンネルの直上には、水子供養で有名な某寺院があったからである。

しかし何となく納得してしまったとはいえ、このままにしておくには気味が悪い。

職場に休みを告げ、その寺院でお祓いを受けることにした。

不安げな顔をする佐々木さんに御住職は呵々《かか》と笑って言った。

「まぁ、子供のいたずらでしょうな。悪気があってやったことではありますまい」

そうは言っても。

以来、友人宅からの帰路にカーナビは使わない。遠回りになっても、大通りを走るようにしているのだと佐々木さんは語った。

福島県はいわき市での出来事である。

八木山橋のこと

仙台市内に、八木山橋、という橋梁がある。

仙台城址のある青葉山と、その南西向かいにある八木山とを結んでいる。

長さは百メートルほどなのだが、地表面からの高さは七十メートル近い。

竜の口渓谷と呼ばれる、深い深い谷に架かっているのである。

当然と言っては何だが、自殺する者が後を絶たない。同時に心霊スポットとしても有名になってしまった。

とはいえ、行政も手をこまねいている訳ではない。

ねずみ返しの付いた高さ三メートルはあろうかという金属柵に、先端を這う有刺鉄線。

しかし、一向に自殺が減る気配はない。では、どうやって金属柵を乗り越えているのか。

青葉山から八木山に向かうと、道路左側に歩道が続く。その歩道が、橋の袂でぷっつりと途切れている。この途切れた突き当たりにもフェンスがあるのだが、これが低い。

ここを乗り越えて、金属柵の外側にしがみつきながら進み、中央部から飛ぶのだという。

この話を教えてくれたのは、古田さんという四十代の男性である。
親御さんの代から八木山の麓に住んでいるそうだ。
通学にも八木山橋を通っていた。街へ出るにもここを渡っていけば早い。
けれども、あることをきっかけに八木山橋を通るのを一切やめてしまった、と話す。

――大学に入って間もない頃に、自動車免許を取ったんですよ。
不思議なもので、免許を取ると必ず誰かが「肝試しに行こう」って言うんですね。
家から手軽に行けて、なおかつ怖い場所。八木山橋を思いつきました。
私がハンドルを握り、友人四人を乗せて出かけたんです。
夕食を済ませ時間を潰してから行きましたから、日付を跨《また》いだ頃合いでしょう。
城跡の駐車場に車を置いて、そこからは歩いて五分ほどです。
私以外の皆は酒が入っていましたから、肝試しというよりも遠足気分です。
めっきり車の通りの減った道は街路灯もまばらで、しんとした山の中に我々のげらげら
という笑い声だけが響いていました。
いよいよ橋に差し掛かります。遥か下の渓谷を渡る風が、橋上を冷たく走り抜けます。

恐怖心を悟られぬようにするためか、馬鹿話の口数はお互いに多めでした。

橋の中央部に差し掛かった頃でしょうか。

「おい、青木の奴がいないぞ」誰かが言いました。

数えてみると確かに自分を含めて四人しかいません。一人、足りないのです。

どこかで靴紐でも直しているのか。どこかで座り込んで吐いてるんじゃないか。

駐車場と橋を何往復もして、探しました。けれども、一向に見つからないのです。

朝まで探したけれど見つからなくて、後は警察にお任せすることになりました。

あいつは結局、見つかりました。八木山橋の下、渓谷の岩の上で。

警察の調べでは自殺ということで片付けられたのですが。

しかしそんな素振りは全く見せませんでしたし、思い当たる節もありません。

大体、食事をして橋の手前までは一緒に楽しく話していたんですよ。

酔っ払った状態で、橋の袂《たもと》のフェンスを乗り越えたのでしょうか。

我々が笑いながら橋の上を歩いていたとき、あいつは我々のすぐ横で高い高い金属柵の外側にしがみついていて、そのまま何も言わずに谷へ飛び降りたというのでしょうか。

そんなことって、あり得ますかね。私には到底信じられないんですよ。

だからね高野さん。私は何があってももう、八木山橋は通らないと決めてるんです。

車中にて

え、お客様、怪談作家をやっておられるんですか。

そうね、この商売長いですからね、色んなことがありますよ。

八木山橋、あるでしょう。あそこはやっぱり嫌ですね。同業者でも嫌う人が多いです。

K町とかM町のほうへお客様をお連れするときには、国道を避けて八木山を通るルートを御指定される方もおられるんですけどね。

日中とか、夜でも早いうちはいいですよ。幾らでも車の通りがあるんで。

でも終電がなくなった後は、こちらでも時間は余り変わりませんからとか何とか言って、少しばかり遠回りでも国道を走らせてもらうんです。

もう大分前になりますけどね。国分町からお客様を乗せて。零時回ってたかな。

国道を御提案したんですけど、橋を渡ってくれ、という御指示で。

仕方なくね、大橋越えて大手門のところで曲がって、石垣の脇の道をぐねぐねしながらぐんぐん登っていく訳ですよ。

そんな時間になると対向車も来ませんからね、センターラインなんて無視です。

こちらとしては、とにかく早く、橋を渡ってしまいたいんです。

護国神社のヘアピンを曲がれば、橋まで一直線です。

道の右も左も、原生林っていうんですか、大昔のままの森でしょう。伊達の殿様が城を護るために、手を付けさせませんでしたからね。

靄《もや》が湧いて出てきてね、その合間にぽつ、ぽつと街灯が灯って、向こうに橋が見える。

そしたら橋の左手の袂にね、人が立ってるんですよ。

ああ、これはアレだな、嫌だな、と思いましたよ。

だってそこに立つってことは、ああ、お客様も御存じでしたか。

そうは言っても、お客様をお乗せしてるのに、わざわざ車停めて、事情聴いて、警察を呼んで、なんてできないでしょう。

だからね、ほんとに申し訳ないんだけど、無視しようと思ったんですよ。

いよいよ、車が橋に差し掛かるんです。

見るまい見るまいと思っても、どうしても目は歩道を向いてしまうもんなんですね。

人がいると安全を確保しないといけない。タクシー運転手の性なんでしょう。

——こっちを向いてるんですよ。髪の長い女が、真っ赤なワンピースを着て、真っ赤な靴を履いて。湿気が多いからか、妙に服がぴちっと身体に貼りついていてね。

それでね、嫌なことにね、しっかりと目が合っちゃったんですよ。

ほんの一瞬のことですよ。何となく若い女だなとは思ったけど、顔も覚えていない。

でもね、確実に私は向こうを認識したし、向こうも私を認識したのは分かるんです。

余計にアクセル踏み込んで、さっさと橋渡っちゃいましたよ。

ええまぁ、だもんで、あの日あそこに立ってたのが、人間だったのか、幽霊だったのかなんて分かりませんよ。翌日ニュースになってた訳でもないですし、そもそも最近は自殺は報道しないみたいですしね。

でもね、お客さん。それ以来、視界の隅をちらつくんですよ。

ハンドル握ってても、お客様を探すために常に歩道上も意識してるでしょう。すると、必ずいるんですよ。信号待ちをする人の合間とか、街路樹の陰とか、そんなところに。

オフの日に街をぶらついていても、見ちゃうんですよ。看板の裏とか、路地とか。

ええ、真っ赤なワンピースを着た女が。もうやってらんないですよ。嫌になります。

だからね。そう言って私に差し出した腕には、真っ赤な瑪瑙《めのう》の数珠があった。

これを着けていれば、多分大丈夫。だから四六時中、肌身離さず巻いているんです、と運転手氏は私に語った。

理由

先輩からの誘いとあっては、断れなかったのである。

高校生だったルイさんは、電話で呼び出されるや軽自動車の後部座席に詰め込まれた。連れて行かれた先は、当地でも有名な廃墟であったNである。

バイパスから旧道へ入り、周囲に何もない路上に車を駐める。

背丈ほどに繁った草木をかき分け、山へ向かって進んでいく。

懐中電灯の薄光に照らし出されたのは、へしゃげたバスの廃車体と、二階建ての石造りの、一戸建て風の建物であった。

廃病院という噂に期待を膨らませて訪れたものの、そんな名残はどこにもない。幾人もの先行者によって内部は荒らし尽くされていて、什器《じゅうき》も備品も残っていないのである。

結局、現地には三十分もいなかった。拍子抜けしたルイさん一行は、早々に退散した。

「わい、《ああ、》おめが《お前が》薦める《薦める》はんで《から》行ったんだばって、《行ったのに》何もおっかねぐねがったでばな《何も怖くなかったじゃないか》」

ハンドルを握るヒロ先輩が言う。横でアッシ先輩がビール缶を片手に笑っている。

そう、ここまでは良かったのだ。ここまでは。

ルイさんは、後部座席で隣に座るヒナ先輩の様子がおかしいことに気が付いた。

手にしたスマホを青白く光らせたまま、顔をじっと前に向けて会話に混ざらない。

ヒナ先輩はヒロ先輩の彼女である。ルイさんをここへ誘ったのも彼女なのだ。

廃墟にいたときはあれだけノリノリだったのに、急に機嫌でも悪くなったのだろうか。

ヒロ先輩も気が付いたのだろう。ルームミラー越しに後ろを見て、ヒナ、どしたんずや《どうしたんだ？》と声を掛けた。

「なしてそったらこど《どうしてそんなこと》、私さ言うの《私に言うの》。困ってまるじゃ《困ってしまいます》」

小さな声で、ヒナ先輩が言った。何のことだろうか、とルイさんは思った。

そのとき、バイパスに設置された数少ない照明灯の光がさっと車内に射し込んだ。同時に、ルイさんはぎゃっと叫んだ。ヒナ先輩は、満面の笑みである。表情筋が盛り上がり、開いた口角が大きなV字を描いている。半分白目を剥いて、焦点が定まらないどころか、どこを見ているかが分からなかった。

「はい、はい、ええ、分がりました《分かりました》。あんだのしゃべてら通りさするはんでの《あなたの言う通りにしますので》」

そのままの表情で、身体を前後に揺さぶりながらヒナ先輩が頷いた。

先輩、先輩、どしたんですか大丈夫ですか、とルイさんが肩を叩く。その手を、ぱしんとヒナ先輩が無言で払いのける。こちらに一瞥《いちべつ》もくれずに。

これは酒に酔っているとかそういう類のものではないな、とルイさんは思った。

前に座る二人も危機感を抱いたと見えて、あたふたと慌て始めた。

「お祓い？　お祓い？」

「そったこど《そんなこと》言って《言って》、どすんず《どうやるの》」

後部座席では、車がぎっしぎっしと揺れるほど、ヒナ先輩がのたうち回っている。

身体を弓なりにさせてシートに打ちつける様は、あたかも手負いの獣のようであった。

「お経！」

誰が言ったか、今となっては定かでない。ルイさん自身だったかもしれないし、先輩達の窮余の一策だったのかもしれない。

車を路肩に寄せ、とにもかくにも三人が銘々に手元で動画を検索した。

「それたんげ《それはとても》面白れ《面白》そうだのお《そうですね》！　やってみるべし《やってみましょう》、やってみるべし《やってみましょう》」

今度は涙と鼻水にまみれながら、手を叩いてヒナ先輩が言った。化粧はどろどろに落ち果てて、相変わらず目はあらぬほうを向いている。

数分後。三者三様のお経が大音量で流れる車内で、ヒナ先輩はすやすやと眠った。

以来、ルイさんは何があっても誰に誘われても心霊スポットへは行かない。

青森県での、話である。

分け入っても分け入っても

母さんと旅行になんか来るからこんなことになるのだ、と宇佐木さんは思った。

新幹線を乗り継ぎ、一両しかないディーゼルカーに揺られ、最果ての駅からレンタカーを走らせる。言い出しっぺの母はとっくに寝ていて、自分の腰は限界に達しつつあった。日本列島に台風が接近していた。あらゆる交通機関が遅れて、予定は総崩れだった。お陰で車に乗り込んだ頃には、街に宵闇が迫りつつあった。

目指す地へ向けて、つづら折りの山道を往く。ヘッドライトにフォグランプを灯しても貫けないほどの霧をかき分けながらのドライブである。

時折、刺すような光とともに対向車が現れる。不意に途切れた帳《とばり》の向こうから、地蔵と石碑が現れる。ぎょっとして、ハンドルを誤りそうになる。

再び現れる、地蔵と石碑。そして。

分け入っても分け入っても黒い山、である。自分が今どの辺にいて、どこまでこの道が登っていくのか、皆目見当が付かない。

不意に、助手席で眠っていたはずの母が口を開いた。

「ところで。何でこの道は坊さんが並んでんの？」

だから嫌なのだ。霊感の強い母と旅に出ると、しょっちゅうなのだ。

そんなことは言われなくとも、宇佐木さんにも分かっていた。

ハンドルを切るたびに、ヘッドライトが僧侶を照らし出すことを。袈裟を着て、路傍にじっと立って。先刻から何人見ただろうか。けれども日没後のこんな霧の中で、微動だにせず山中に立つ僧侶があろうか。

ほら、また立っている。ああ、嫌だ。母さんと来るからこんなことになるのだ。

霊場、恐山へと向かう街道での出来事である。

写真

オレンジ色の強い陽光が射し込んで、がらんとした講義室に長い影が延びた。

二人で黙りこくったまま、どのくらいの時間が過ぎていただろうか。

けれども、ああ言われてしまっては。相談を受ける側の黒松君としては、早くしてよとはなかなか言い出せなかったのだ。


きっかけは、黒松君の彼女のこんな一言であった。

「友人の八乙女が、見てほしいものがあるんだって。黒松さ、そういうの詳しいじゃん」

何事かと訊いてみれば、捨てて良いか分からぬままに、何年も持ち続けている心霊写真があるらしい。黒松君に見て、判断してもらいたい、という依頼であった。

何だ、そんなことか。黒松君はがっかりした。もっと深刻な話かと思ったからだ。

たかが心霊写真ではないか。通りすがりの浮遊霊が偶然に写り込むこともあるのだし、気にすることはない。そんなものはさっさと焼いてしまえば済む話なのだ。

「でもさ、こんなの相談できるの黒松しかいないんだよ。結構凹んじゃってるっぽいし、ね、黒松、お願い。私の大事な友人なんだから」

そう言われてしまえば、無碍《むげ》にはできない。じゃあ今度三人で食事でもしながら見ようと言えば、八乙女さんからは二人きりで会いたいと頼まれているらしい。

それぐらい「ヤバい」写真だから、と。

何がヤバいものか、どうせ大したことはないんだから、と渋々出張ってきたのである。


「黒松君、さ。これ、なんだけど、ね」

西の山際が紫色になった頃、蚊の鳴くような声とともにようやく写真が差し出された。県内でも有名な心霊スポットであった。肝試しにでも出かけたのであろう、橋の欄干を背景に、ピースサインをして微笑みかける八乙女さんの姿が写っていた。

この辺りは深い山の中である。ストロボに照らし出された八乙女さんと、ほんの僅かな周囲以外は、墨でも流したように黒く塗り潰されている——はずなのだが、写真の下半分に、ドライアイスを思わせる白い靄が立ち込めている。

よくある、心霊写真。やはり大したことはなかった。そう思った。

これだけの自殺の名所である。遊び半分で行けば、何かしらは写り込むだろう。

「もっと……もっとちゃんと見て」

思いもよらぬ強い口調に、黒松君はハッとした。

そんなに退屈そうな顔をしていただろうか。責めるような視線が痛い。

部屋の中に流れ込んだ夕闇に、写真が呑まれかけている。

ぱちん、と電気を点ける。降り注いだ蛍光灯の明かりに、くらくらする。

が、白い光を浴びた写真を見て、黒松君は今度こそへたり込みそうになった。

手、であった。白い靄のように見えていたものは、全てが手であった。

何十、何百という腕が群生するウミシダが如く蠢《うごめ》いている。

何かを掴もうともがく指は、カンダタに続かんと蜘蛛の糸に縋ろうとする地獄の亡者のそれのようにも見えた。

どんなことをやらかしたらこんな写真が撮れてしまうのか。黒松君は慄《おのの》いた。

けれどもそれ以上に気になったのは、無数の手が、八乙女さんにではなく、悉《ことごと》く撮影者に向かって伸びていることであった。

誰がシャッターを押したのかと訊ねてみれば、八乙女さんのお兄さんだという。

「これさ。君よりも、お兄さんのほうが危ないよ。ネガごと焼いたほうがいいと思う」

途端に、八乙女さんの表情が曇った。

実はこの撮影の直後から、兄は精神的な病で家に籠もっているのだ、とぽつりと告げた。

「その写真、ね。心霊番組へ、送るんだって言って。何枚も、何枚も焼き増ししてたの。だからね、全部を焼くのは無理かもしれない」

湿り気を帯びた声で、ぐずりぐずりと、八乙女さんはそう言った。

ともあれ早く処分したほうがいいよと伝えることしか、黒松君にはできなかった。


それから、数年が経った。仕事で偶然再会した八乙女さんは、随分と大人びていた。

打ち合わせを口実に、食事へ誘い出す。杯を交わし合い、旧交を温める。

お互い程よく酔いが回った頃、どちらが言い出したか、例の写真の話になった。

「そういえばさ、あの写真、結局どうしたの？」

訊ねる黒松君に、八乙女さんは明るい笑顔で答えた。

「うん、全部処分した。テレビ局にも連絡してね、事情を話して返してもらって。河原で焼いたんだけど。それからすぐに兄の体調も良くなって。黒松君には感謝してる」

黒松君は心の底から安堵した。

あの日の、去り行く八乙女さんの暗い顔。その後彼女は何も言わなかったし、触れてはならぬものに触れる気がして、黒松君も自分から聞き出す気にはなれなかったのだ。

「良かった。それは良かったよ。あれ、残してるとほんと良くない奴だと思ったから」

そう伝えると、再びグラスを合わせて軽やかな音を立てた。

ところが、である。その後、八乙女さんがぱったりと打ち合わせに来なくなったのだ。代理と称して来た人に様子を訊ねても、いやあ、ちょっと、と言葉を濁す。

打ち合わせのたびに何度も何度もしつこく訊いて、これが最後の打ち合わせだという日。とうとう引き出せたのが、こんな台詞であった。

「実は、退職したんです。精神的な病が原因で。全然そんなふうには見えなかったんですけどね。本当に急な話で。あまり表に出せる話でもなくて、すみません」

だから。黒松君は、今でもあの日の会食を悔やんでいる。

余計なことを言わなければ良かった、と。

あんなことを言ったから、家に写真が残っていないか、もう一度探したのではないか。そして、見つけてしまったのではないだろうか。

八乙女さんと連絡を取る術は何一つ残っていない。真相は、誰にも分からない。

呵《か》々《か》大笑《たいしょう》

「あれ、俺らこんな長い時間いなかったよな」

ディスプレイ上に表示されている録画時間を見てアッシが言った。

「ほんとだ。まあともかく、さっさと再生してみようぜ」

待ちきれないかのように、シゲルが急かした。

アッシ達四人は、肝試しから帰ってきたばかりなのである。

目的地は、とある廃校。ここは間違いなく出る、というシューイチの提案だった。

中で撮影した映像を、自宅のパソコンで早速再生しよう、というのである。


再生ボタンをクリックする。

ねずみ色のコンクリートに縁取りされた昇降口が映る。

ハンディカメラを構えているのはケンである。列の最後尾から、前を行く三人を映しているのだ。

じゃらじゃらと鎖を外し、ガラスの半分割れた扉を押し開ける。

——さあやって参りました、最強の心霊スポット××中学校。

実況中継を真似た、しかしいささかうわずったケンの声が入っている。

枯れ葉と埃の積もったリノリウムの床を、ぼんやりとした光の輪が進む。

頼りなげな懐中電灯に導かれて、不規則な足音だけが録音されている。

一階の職員室から理科室、美術室へ。時折不意に響く物音に飛び上がり、乾いた笑いを上げ、互いを冷やかしながら進んでいく。

二階、三階、四階。教室から視聴覚室、図書室へ。最上階まで全ての部屋を覗ききって、ぐるっと回って昇降口まで降りてきた。


ここまでで、録画時間は三十分。

幾ら田舎の小さな校舎とはいえ、早足が過ぎる。やはり皆、内心は居心地が悪かったのであろう。

カメラは再度、昇降口を外から捉えている。と、その画像がぐるんと反転した。

天地が逆さになり、画面の下から伸びた脚が大地を支えている。

かしゃんと金属音がして、溜め息が続く。シゲルが煙草を吸っているのだ。

「ああ、カメラのスイッチが切れてなかったんだな」

未だ続いている画像を見ながら、アッシが得心して言った。

――それにしても、結局何も出なかったな。

――誰だよ絶対出るって言った奴。大体学校だぜ？　誰も死んでねぇし。

――とか言いつつ、ほんとはほっとしてるんじゃないの？

軽口をたたき合いながらも、その声色はどこか明るい。

そろそろ帰るか、というシューイチの声をきっかけに、再び画面が揺れ始める。

遠くの明かりの下に、四人で乗ってきたミニバンがちらりと映った。すぐに垂直にパンして、スニーカーが画面をかすめる。更に画像は動いて、今度は校舎が逆さに映る。

相も変わらず、ハンディカメラを回したまま歩いているのだ。

ミニバン、スニーカー、校舎。ミニバン、スニーカー、校舎。

「おい、これ！」

アッシが叫んで、指を差す。ぐぐ、と三人がディスプレイに額を寄せる。

ストップモーション。逆さの校舎。四角くぽっかり空いた窓。

ボロボロの服を纏《まと》い、長髪を逆立たせた若い女が、呵々と笑っていた。

鑑《かがみ》

二〇二一年、冬。疫病禍の影響で二年ぶりの開催となった、コミックマーケット。参加サークル数、入場者数共に大幅に制限されたとはいえ、久しぶりの再会に参加者達は盛り上がっていた。

「やあやあお疲れさん、新刊一冊下さいな」

懐かしい声と顔。チェック柄のシャツに、キャップを被った見慣れた姿。

昭島さんは必ずブースにやってきて、新刊を買っていってくれる常連であった。

インターネットでも物を売ることはできるけど、この瞬間がうれしいのだ。

印刷所から上がったばかりの、湯気でも立っていそうな同人誌を手渡して、代金を受け取る。作る喜び、売る喜び、買う喜びが交差する。

――でも、何かおかしくないか？　何がと言われると、困るのだけど。

「ありがとう。瑞穂先生の作品を読むのを心待ちにしてたんです。電子書籍もいいけど、やっぱり紙がいいですよね。……ほんとはもっと話してたいけど、今日はちょっと体調が悪いんで、これで失礼しますね」

早口にそれだけ言うと、昭島さんは踵《きびす》を返して去ってしまった。

背負ったリュックサックと、そこからぴょこんと頭を出したポスター。全く以ていつも通りの昭島さんなのだ。けれども、どうにも心がもやもやする。

しかしその原因を考える時間はない。後ろに並んだ人が、待ちきれんとばかりにお金を眼前に差し出した。雑念を頭の隅に仕舞って、今は商売である。毎度あり。


「あの、これ、本、落ちてましたよ」

片付けも終わって、お疲れさん、そろそろ帰ろうか、という頃合いであったろう。ブースにやってきた人に、声を掛けられたのだ。手には、無事に完売した新刊。聞けば、瑞穂さんのブースのすぐそばにぽつんと落ちていたらしい。

うっかりさんもいたものである。せっかくの戦利品を落としていくなんて。

「うちの新刊、落とした人はいませんか。いたらDM下さい」

新幹線の車内でツイートボタンを押して、はたと気が付いた。そうだ、ツイッターだ。

つい先日、ツイートを読んだばかりではないか。昭島さんが重篤な症状になって、専用病棟に入院していると。多少回復したとして、コミケに参加できるはずがないのだ。

携帯電話の画面を大急ぎでなぞり、本人のアカウントを覗きに行く。

果たして、病床で療養中の画像とともに、〈瑞穂先生の新刊、読みたかったなあ。次回こそは行くぞ〉との書き込みがされていた。

やはり、昭島さんは入院中である。だとしたら、先ほど新刊を買っていったのは誰だ。

不安めいた何かが、心の奥底から湧き立つ。それをどうにか抑えながら友人のツイートを辿っていると、〈昭島さんが来てた？〉という書き込みを見つけた。

やはり、しかし、まさか。

リプライを開く。引用リツイートを追う。

〈え、何それマジ？〉〈うちのブースにも来てた〉〈新刊買ってってたけど？〉……。

ざわめきの輪が、ネット空間にどんどん広がっていく。

仲間うちをぐるっと回った情報によると、やはり昭島さんは幾つものブースに来ていたらしい。もちろん、「本体」は病床にあるという事実は揺るがない。

魂と呼ぶべきか、幻と呼ぶべきか。それって生霊じゃん、という人もいた。ともあれ、肉体を差し置いてでも、昭島さんは新刊が欲しかったのだ。そういう話に落ち着いた。

コミケ参加者、かくあれかし。無事に退院した現在も、昭島さんは語り草である。

おもしろそう

「あれ、何でこんなことになってるんだ？」

今はプロの作曲家として活躍する涌谷さんの、学生時代の話である。

パソコンを使って譜面を書き、編集をして、演奏させ、ミキサーレコーダーに掛けて、ＭＤへ録音したのだが。どうにも、おかしなことになっている。

ディスプレイには、「2'46"」「1'09"」という二つのトラックが表示されていた。

しかし、涌谷さんが書いたのは三分五十五秒の曲である。それが何故か分割されて録音されているようなのだ。

実はＭＤは五秒間以上の無音を検知すると、自動的に次のトラックへ切り替わる仕組みになっている。しかしこの曲に、そんな無音を生むような全休符は存在しない。

「何でこんなことになってるんだ？」

もう一度呟いて、ヘッドホンを着けてみる。

再生ボタンをクリックする。軽快なメロディが流れ始める。問題の箇所に差し掛かる。流れるように次のトラックへ移る。だが、しかし。

――この違和感は、何だ。

聴覚よりも更に深い場所にある感覚が、違うぞ、よく聴き直せと語りかけてくる。

ボリュームを上げる。再生ボタンを押す。全神経を研ぎ澄ます。

――何か、雑音が混ざっているのだ。

マウスをドラッグしてボリュームは最大である。自分が書いた曲が、自分を乗っ取らんばかりの勢いで耳から流れ込んでくる。

盛り上がった主旋律が、するすると落ち着いた後の二分休符。

「おもしろそうね」

不意に響いた女の声に、ヘッドホンをぶん投げた。返す刀で、ＭＤを初期化する。

パソコンからＭＤへはデータで直接録音しているのだ。「ザ・ベストテン」を録音中のラジカセに母ちゃんの声が混ざり込むのとは訳が違う。

ヘッドホンの外の音ということもない。六畳一間のアパートに、たった一人なのだから。

こんなことがあったのは後にも先にもこれきりです。けれども、脳内に直接響いてくるような妖艶な声が、今でも記憶にこびりついているのです。そう、涌谷さんは語った。

仙台市での話と聞く。

報せる

佳樹さんが高校生の頃の話である。舞台は福島県、浜通りのとある街。

夏の盛り。コンクールが近かったのだと思う。楽器ケースを抱えてホームに降り立ったときには、時計の針は二十三時を回っていたのではなかっただろうか。

この時間ともなると、他に降りる者もない。たった一人で、動き出す電車を見送った。

静寂が戻ったホームに、こつこつと足音が響く。草いきれの混じった風が髪を撫でる。

じじじ、と蛍光灯が明滅して、自分の影がストップモーションのように映し出された。

〈しまった、ついてきたか〉佳樹さんは小さく舌打ちした。

少しばかり距離を置いて、足音が聞こえる。自分のものとは違う。四両編成の電車から降りたのは間違いなく自分だけで、けれどもホームにもう一人いる。

そういうもの、なのだろう。こんなのはまあ、よくあることだ。

跨線橋を渡って、無人の改札口を出る。まだ、足音がする。背中には視線も感じる。

間違いなく、これは自分についてきている。

静まりきった駅前通りを歩きながら、佳樹さんは家に電話を掛けた。

プルル……とコールする間もなく、すぐにお父さんが出た。

「今日は迎えに行けないからな。歩いて帰ってこいよ」

開口一番、これである。先手を打たれてしまった。

良からぬ何かがついてきているのだと説明する。このままだと家まで来てしまう、と。

「それはな、寂しがりなだけで悪い奴じゃないぞ。挨拶してな、そのまま帰ってこい」

それだけ言うと、ガチャ、と一方的に電話を切ってしまった。

これは困った。お父さんが何を知っているのか分からないが、挨拶したら消えてくれるなんて都合の良い話があるだろうか。

けれども、他に術がある訳でもない。家まで二十分、真っ暗な夜道をついてこられるのも精神衛生上よろしくない。家の中まで入られるのは、もっと嫌だ。

——こんばんは。俺、独りで帰りますんで。さようなら。

後ろをくるりと向いて、よく通る声でそう言った。

豆粒ほどになった改札口の辺りから、寂しげな視線を感じたような、そんな気がした。

足音は、ついてこなかった。

家に辿り着くと、何やら賑やかである。

親戚が集まっているのだ。付近に住まう一族が、盆の法要のために本家にやってくる。

ああ、もう一杯やってしまったからあんな言い訳をしたのだな、と思った。

「あれ？　歩いて帰ってきたのか。電話してくれたら車で迎えに行ったのに」

顔を見るなり、お父さんが変なことを言った。

どういうことだよ、さっき電話で歩いて帰ってこいって言ったろ。汗をかいた佳樹さんの頬が自ずと膨らむ。

「何を言ってるんだ。電話なんて鳴ってないぞ。なあ」

お父さんの言葉に、その場にいた親戚一同が同調した。

居間から客間、普段使わない六畳間まで襖を取っ払って作った広間に全員がいて、電話は居間の片隅にあるのだ。確かにここなら着信したかどうか、みんな分かるはずだ。

「何だ、あの電話、あんただったの？」

わいわいやっていると、二階から下りてきたお姉さんがこんなことを言った。

「私の部屋に置いてある子機が、一瞬鳴ったのよ。でもすぐ通話中のランプが点いたから誰かが電話を取ったと思ったんだけど」

みんなが、顔を見合わせている。

潮が引いていくように、さあっと場の空気が冷えていくのが佳樹さんにも分かった。

「あの足音も電話の声も、今から思えば叔父なんですよね」

取材をする私に佳樹さんが語った。

「あの日、本来ならうちの家に一緒に集まるはずだった叔父がいたんです。誰よりも故郷を愛して、帰りたがっていたらしいですから。きっと彼なんだろうなと」

亡くなった叔父さんが盆に帰ってきたということですか、と私は訊ねた。

「違うんです。そのときはまだ生きてたんです。仕事の都合で横浜に住んでいたのですが、忙しくて今年は帰れない、と連絡があったんです」

そのときは、とはどういうことなのだろうか。

「例の一件の後、十月ぐらいにぷらっと突然帰ってきたんですよ。本当に思いつきだったと見えて、何故か手土産も萩の月で。新幹線に飛び乗って、仙台駅で常磐線に乗り換えるときに買ったんでしょうね。それで親も一緒に、松島に遊びに行ったんですよ」

——でね。そのほんの二週間後に。

「遺影に使う写真がないって遺族が騒いでましてね。都合よく、松島に行った写真があるんで渡したんですよ。そしたら驚かれて。叔父は家族にも告げずに帰省していたんです。

あれはきっと、死期を悟っていたんでしょう。いや、夏の時点で分かっていて」

――それで、先に魂だけになって帰ってきたのでしょう。私が怖がるから、兄弟である父の声色まで使ってね。勘の鋭さと言い、変な行動力と言い、うちの人間らしいですよ。

佳樹さんの一族では、こんなことがままあるという。

あかし

人には決して言うことのできない、関係であった。

こちらには妻がいるし、向こうにも長く付き合っている彼氏がいるのだ。だから。

「体調を崩されたとお伺いして……オーナーの名代で参りました」

花束を抱えた理沙、いや、櫻井さんが病室の入り口から顔を覗かせた。

「わざわざ恐れ入ります。御迷惑をお掛けして申し訳ありません」

殊勝な態度で答えてはみたものの、心中は目の前の身体を抱くことのできない口惜しさで歯噛みせんばかりであった。

鼻筋の通った顔に栗色の長髪。すらりと伸びた手足に、均整の取れたプロポーション。

この身体が、ベッド上では水を得た魚のように艶めかしくも自在に動くのである。

何度も繰り返されたその姿が脳裏に浮かび、身体が熱を帯びる。白磁のような首筋から鎖骨の辺りに、今すぐにでも唇を這わせたかった。

「私、売店でお茶を買ってきますね」

気を遣ってか、妻が席を立つ。理沙がすかさず枕元へやってきて、腰を下ろす。いつもの香りが、鼻腔をくすぐる。

「来てくれてありがとう。けれど、彼氏に何と言って出てきたの？」

彼氏は、理沙が職場と家以外の場所に立ち寄ることを極端に嫌がるらしい。

とはいえ、職場が我々の逢瀬の場所なのだ。お互いが、帰宅する前に一汗かける場所も近かった。だからこそ、この関係も今まで長続きしたのである。

「あの人ね、最近ますます拘束が酷くなって。理沙を失うぐらいなら今すぐ死んだほうがマシだ、なんてメッセージが一時間おきよ」

個室じゅうに響くような、大きな溜め息で言った。

「今日だって休暇なのに、いったん職場に寄って出勤した証拠写真を撮ってきたのよ」

それでも彼氏と別れないのは、莫大な金を惜しげもなく自分に費やしてくれるからだ、と以前寝物語に聞いたことがあった。


「おや。それ、どうした？」

理沙の首元に指を這わしつつ訊いた。横方向に一本、赤い筋がくっきりと走っている。

「金属アレルギーかしら。でも、今日はネックレスなんてしてないのよ。会社へ行くのにアクセサリーなんて不要だろう、ってあの人が言うから」

取り出した手鏡を覗きながら、理沙は言った。

けれども、不思議な線はどんどん色濃く、太くなっていく。犬が首輪でもしているかのような有様に動揺を隠せない理沙を、黙って抱きしめる。

こうしてさえいれば、心は通じる。そんな時間が、どのぐらい経っただろうか。

ブブブ……と、くぐもった音がして、理沙が病室の外へ出た。

何事か言葉を交わして戻ってきた理沙の顔は、白を通り越して真っ青である。小刻みに手と唇を震えさせている。いったい、何があったというのか。

「今日はもう、帰るね……彼、首吊ったんだって。今、息を引き取った、って警察が」

今回は本当だったみたい。手にした携帯電話に、『今から死にます』のメッセージ。

去り行く理沙の首には、後ろにまで太く赤い線が巡っていた。

夏が来れば思い出す

咲子さんが語った、小学校の思い出である。

私が育った県では、五年生になると校外へ宿泊学習に出かけるのが常でした。施設の所在地から東山合宿と呼ばれたそこへは、街からバスで二時間ほど揺られます。広がる湖、そこから更に山道をくねくねと登ったどんづまり、人家が一軒もない山の上に、赤い屋根をした二階建てのホテルのような建物があるのです。

荷物を置いてオリエンテーションを受けると、早速行動開始です。

水着の上からジャージを羽織って、近くの小川へ沢遊びに繰り出しました。靴のまませせらぎをじゃぶじゃぶと横切って、最後にヘルメットとライフジャケットを身に着けて深みへ向かってどぶんと飛び込むのです。

地方都市で生まれ育った私ですが、こんな経験をしたのは後にも先にもこれきりです。夏のさなかでも驚くほどに水が冷たかったのを今でも覚えています。

夜は賑やかにカレーを食べた後、星座観察です。

班ごとに天体望遠鏡を借りて、星座盤を使いながら満天の星を追うのです。

星座はもちろん綺麗でした。ですが私は星座よりも、同じ班になることができた健介君に夢中で、真剣に望遠鏡を覗き込む彼のことだけを見ていた気がします。

けれどもあの東山合宿で本当に思い出に残っているのは——その夜中のことでした。

健介君と話すことができた嬉しさにいつまでも眠れなかった私は、とうとうベッドの上にむくりと身を起こしたのでした。

同室の女子達を起こさないようにゆっくりと、そっとスリッパに足を通します。

部屋の外に出ると先生に見つかりそうな気がして、手持ち無沙汰な私は本当に何げなく窓辺に寄ったのです。

私は自分の目を疑っていったん身を引いて、それからカーテンの陰に隠れるようにもう一度サッシの端から顔を覗かせました。

窓の向こうには黒々とした木々の合間に学習棟が建っています。

みんなで膝を抱えてオリエンテーションを受けたのも、競い合うようにカレーを食べたのもこの棟です。

そしてこの棟には多目的ホールと呼ばれる体育館のような施設も付いていて、

――ホールを埋め尽くす楽団がそこにいたのです。

小学生には楽器の名前なんてほとんど分かりませんでしたが、テレビで見たコンサートのように扇形に広がって、お揃いの服にネクタイを着けた人が演奏していました。真ん中に立っている人は何か歌っているのか、口を大きく開けています。

少しばかり距離があるせいか、こちらまで音色は聞こえてきません。

いや、仮にもっと間近で見ていたとしても、果たして聞こえていたかどうか。

何故ならその楽団員はみんな半透明で、水族館で見るクラゲのように青白く光っていたからです。

私は慌てて、隣のベッドで寝ている桃子ちゃんを叩き起こしました。

眠たい目を擦って怪訝な顔する桃子ちゃんの手を無理やり引いて、窓辺に立たせます。

ほとんど開いていなかった目が、目玉が溢れそうなほどに大きくなって、給食のパンも丸飲みできるくらい口をあんぐりとさせました。

二人してどのぐらいの間、不思議なコンサートを眺めていたことでしょう。

不意に冷静になった私は、言いようもなく恐ろしくなりました。どう考えても、こんな時間に楽団が、それも向こうが透けて見える人たちがいるはずがないのです。

桃子ちゃんのほうを見ると、うっすら涙を溜めた目と目が合いました。きっと同じ感情を持っていたのだと思います。私達は、足を震わせながらベッドへ戻りました。

あれから三十年経った今も、楽団の正体は分かりません。

友人に話しても、東山合宿で幽霊が出るのは知っているけれども、それは別の部屋だよと取り合ってくれません。

けれども私達はあの夜確かに人ならぬ壮大なコンサートを目撃して、それが東山合宿での一番の思い出なのです。

嫌な実家

中学生の頃に住んでいた実家は、火葬場の隣にあったんです。

福島県で知り合った史子さんが、私に語った。葬祭ホールではなく、本当に「焼き場」に隣り合って家が建っていたのだ、と。

古い家故《ゆえ》、隙間風がよく吹き込んだ。それだけならまだしも、時に線香の匂いが家の奥にまで漂うこともあったという。薄暗さも相まって、だから史子さんは自分の家が嫌いであった。


その日、むせ返るような線香臭さに史子さんは顔を歪めた。

まるで家の中で、それも束にしたままの線香に火を点けたかのようであった。

巣穴を燻《いぶ》されて狩られていく狸はこんな気持ちなのだろう、と思った。

ただ、これだけ匂うにも拘らず、もくもく漂う煙は一切見えなかった。

史子さんはとりあえず自室の窓を開けてベッドの上に寝転がり、携帯型ゲーム機の再開ボタンを押した。本当に嫌な家だ、と思った。

みしみし、かちゃかちゃ、みし、かたんかたん、みしみし。
木の板がきしむ音がする。硬い何かが触れ合う音がする。音がだんだん近づいてくる。
みし、みしみし、みし、みしみし。
ああ、階段を上がってくるのだ、と思った。
二階には廊下を挟んで、史子さんの自室と弟の部屋がある。
両親は仕事に出ていて遅くまで帰らない。弟が小学校から帰ってきたのだろう。
かたかた、かたんかたん、かちゃかちゃ。
いつもならバタバタと騒がしく駆け上がってくるはずが、今日はどうしたのか。
ぎぎぎ、ぎぎぎぎ、ぎぎ。
足音が変わった。廊下を歩くとこんな音がするのも、この家の嫌なところである。

弟の部屋に西日が差し込む。廊下と史子さんの部屋とを仕切る障子を茜色に染める。
紙のスクリーンへ浮かび上がる影。右から左へ、そろりそろりと滑るように動く。
胴から突き出た腕の先には盆でも持っているのか、その上に筒状のものが載っている。
どうやら先刻からかちゃかちゃ音を立てているのは、これが揺れているようだ。

それにしても——この影は誰だ。まだ十歳にもならない弟のものではない。どう見ても大人のそれである。しかし両親はまだ帰宅していない。帰ってくれば、必ず玄関から二階へ向かって声を掛けるはずなのだ。

何も言えず硬直する史子さんの目の前を、影が動いていく。

ぎぎぎ、かちゃかちゃ、ぎぎ、かたん、ぎぎぎ、かちゃかちゃ。

そうして、障子の端まで来るとすうっと影は消えてしまった。

勇気を出して立ち上がった史子さんが障子を開ける。もちろん、そこには誰もいない。

廊下の終点にある窓の向こうで、火葬場の煙突から白煙が一筋、たなびいていた。

もお

中学生の頃だったと思う。
夕方、母と買い物に出かけたのだ。
両手一杯の荷を置いて、一息ついたそのとき。

もおおおおおおおおおおおおおおお……。

長声一発。居間に牛の鳴き声が響いた。
「今の、何？」母に訊ねてみたが、聞こえていなかった。
部屋のど真ん中にそれがいるような、大きな声であったのに。

余談だが、私の実家は兵庫県阪神地域にある。
この地域は、都市伝説「牛女」や、小松左京氏の「くだんのはは」の舞台でもある。
何かと牛に縁があるようだ。なお、すき焼きもカレーも肉じゃがも、牛肉派である。

かくれんぼ

仙台市に住む、榊さんの体験談である。二十年ほど前の出来事だという。

ぱたぱたぱたぱた。ぱたぱたぱたぱた。

雨だれのような、何かを小刻みに叩きつけるような音に私は気が付きました。

鳴ったと思ったら止まったり。思い出したかのようにまた鳴ったり。おまけにその音は大きくなったり小さくなったり……いえ、移動しているのだと分かりました。

ちょうどそう、小さな子供が、ズックを履いてコンクリートの上を走り回るような。

アパートの廊下をどこかの家の子が走っているのだな、と寝ぼけた頭で考えました。

けれども、カーテンの隙間から覗く窓の外はまだ暗いのです。夜明け前でした。

こんな時間に、どこの子が遊んでいるというのでしょう。そもそもうちのアパートには子供はいないはずでした。そして外廊下は三階にあって、わざわざここまで上がってくることはないでしょう。

〈また、あれがやってきたのだ〉

私の頭の中に、黒い雲が湧き立ちました。

飼い猫が、にいにいと不安げに鳴きながらベッドの周りをうろうろしています。


不思議なことは、住み始めた頃から続いていました。

市街地からもほど近いこの家には、新築間もない頃に入居しました。

四階建てのビルの下半分はオフィス。三階に外廊下があり、玄関を入るとリビングが、そして内階段を上がった四階に寝室がありました。あの頃都会で流行っていたメゾネットタイプのアパートです。学校を出たばかりの私にはまぶしい新居でした。

けれども。夜中、誰かが上がってくるのです。みしり、みしりと足音を立てて。光沢がまだ残った内階段を。

独り暮らしの私に、同居人はいません。電気も消していますから、姿は見えません。

けれども確実に、こちらに向かって階段を上がってくるのは分かるのです。

私はというと、仰向けになったまま、ベッドに磔《はりつけ》にされたように身動きが取れません。

足音はそのまま寝室に入り込み、脂汗を浮かべた私の脇を通り過ぎ、そしてすうっと窓から抜けて気配が消えました。

初めは、慣れない生活に疲れているだけなのだと思っていました。毎晩やってくる足音は、あくまでも私の気のせいだと考えることにしたのです。

眠るときの姿勢が悪夢を呼ぶと何かの本で読んで、うつぶせに寝たこともありました。けれども、それでもなお、足音はやってきました。おまけに、身体に乗ったのでしょうか、息が詰まるほどの重さを背中に感じ、意識が途切れるまで呻《うめ》き声を上げ続けたこともありました。

眠れない日々が続きました。美容の仕事に就いているというのに肌は荒れ、目の下には紫色のクマができました。頬が痩せて、髪の毛もパサパサになりました。

そんな私に、友人が猫を飼うことを薦めてくれたのです。

猫がいると幽霊も魔物も寄ってこないから、と。

そうして私は、お手玉のようなペルシャ猫の仔と暮らし始めました。名はミルクと言います。件の物音に驚いて家中を逃げ回り家具の隅で震えていたときには、やはり仔猫では敵わないのかと少しだけがっかりしたものです。けれども、片手で抱くには重たくなった頃には、ついに音は絶えて、ぐっすりと眠れるようになっていたのです。

それなのに。


「もういいかい？」

甲高い声が突然響いて、私は身体に電流が走ったかのような感覚を得ました。

時計を見れば、四時過ぎです。かくれんぼをして遊ぶ時間ではありません。

ちりちり、と微かな鈴の音を立てて、ミルクはどこかへ逃げてしまいました。

「もういいかい？」「もういいかい？」「もういいかい？」

元気のよい、男の子の声です。

コンクリートの床を叩く軽快な足音とともに、それは少しずつ近づいてきます。まるで一軒一軒ドアの前に立って、声を掛けているかのようでした。

まだ陽の差し込まぬ無人の廊下を、遊び相手を求めて歩き回る幼子の姿を思い浮かべて、私はぞっとしました。

――ああ、早くどこかへ去ってほしい。こんなところに、君の友達は隠れてなどいないのだから。

不意に、早朝の静けさが蘇ってきました。声も、足音もしません。

諦めて帰ったのだろうか、と安堵したそのときでした。

「もういいのね!?　開けるよ!?」

嬉々とした声がひときわ大きく響きました。

玄関からはがちゃがちゃ、がちゃがちゃと何かをせわしなく動かす音がします。

それがドアノブを上げ下げする音だと気付くのに、そう時間は掛かりませんでした。

「もういいのね⁉　もういいのね⁉　もういいのね⁉」

布団を頭から被り、その中で身を固くすることぐらいしか私にはできません。

——ああ、玄関の鍵は閉めていただろうか。もし中に入ってきたら、どうしたらいいのだろうか。私は、彼と遊んであげることはできないのだ。

そんな思いを全く無視して、彼はドアノブを動かし続けます。

がちゃがちゃ、がちゃがちゃ。がちゃがちゃがちゃ、がちゃがちゃがちゃ。がちゃがちゃ
がちゃがちゃがちゃがちゃがちゃがちゃがちゃがちゃ……。

リリリン

――お化けが出てくるような、おっかない話じゃないんだけれどね。

思い出に残る、不思議な体験があるのだと、赤城さんは言った。


電話が、鳴るのだという。突然、リリリン、と鳴るのだそうだ。

電話と言っても、家に引いた固定電話や、携帯電話ではない。

赤城さんの家には、孫の龍之介君が使う愛車が置いてあった。

赤いプラスチック製のボディに、黄色いタイヤが四つ。

足で大地を蹴ってよちよちと進む、おもちゃの車である。

そのハンドルの脇に、件の電話はある。

スピードメーターを模したイラストの横に、ダイヤルと受話器がくっついているのだ。

ダイヤルをがりがりと回すと、連動してリリリンと音を立てる仕掛けになっている。

その電話が、触ってもいないのに音を立てるのだ、と赤城さんは語る。

週末。娘の梓さんが、龍之介君を連れて遊びに来る。そして二人が帰った後、何時間も、何日も経ってから、不意にリリリンと電話が鳴るのだ。

赤城さんは独り暮らしである。他に、車に触る人はいない。なのに、鳴る。

これと言って、鳴るきっかけにも心当たりがなかった。

そういえば、親戚と電話中にも鳴ったことがある。

リリリン、と音がして、ああいつものことだと高を括っていたら、これがいつまででも鳴り続けている。リリリン、リリリン。リリリン、リリリン。

余りにうるさいものだから、電話口の親戚が、

「あら、さっきから電話が鳴ってるじゃない。長電話して悪かったわね」

と言って切ってしまった。それでもなお、鳴っている。リリリン、リリリン。

——今、思い返しても、何であんなことをしたんだろう、って思うんですけど。

受話器を、取ってみたのだという。

プラスチックの受話器を手に取り、耳に当てて、もしもし、と言ってみた。

——もちろん、受話器の向こうから声が聞こえるなんて、ないんですよ。

所詮は子供のおもちゃなのだし、何てったって受話器と本体と繋ぐ紐は私が縫い付けたんですからね、と赤城さんは言った。

馬鹿なことをしているなあ、と一人で苦笑いしたそうだ。

この件を梓さんに伝えると、それってじいちゃんなんじゃないの、という話になった。

じいちゃんというのは、赤城さんの旦那さんのことである。

彼は、梓さんがまだ赤城さんのお腹の中にいるうちに、この世を去った。

だから、龍之介君はもちろん、梓さんもその声を聞いたことはない。

「私のときには何も言いに来なかったのに。孫はやっぱり可愛いものなのね」

梓さんがくすりと笑った。

それを聞いて、赤城さんは思い出したことがある。

梓さんが龍之介君を連れて家に来るときには、手には必ず土産物があった。

一度は仏壇に上げておくのだが、最終的には赤城さんの口に入る。

先日、リリリンと鳴ったのはそのタイミングではなかったか。

親戚との電話中にリリリン、リリリンと鳴りやまなかったことがあった。

あの日は、彼岸に合わせて親戚で集まろうという打ち合わせをしていたのではなかったか。

もしかすると、本当にじいちゃんのしわざなのかもしれない、と赤城さんは思った。

「でもね、もう鳴ることはないんです」

赤城さんは少し寂しそうな表情で語った。

一昨年頃のことだという。

小学校へ上がったばかりの龍之介君が、その日も赤城さんの家を訪れていた。

リリリン、リリリン。また電話がなっている。リリリン、リリリン。

リリリン、リリリン。赤城さんは台所で昼食を作っている。リリリン、リリリン。

リリリン、リリリン。例の車は居間の片隅に置いてあるのだ。リリリン、リリリン。

リリリン、リリリン。居間には龍之介君がいるはずであった。リリリン、リリリン。

——それにしても、少し耳に付く。

「龍ちゃん、ちょっとうるさい。いたずらするのやめな」

大きな声を出すと語気も強くなる。

「俺、何も触ってないってば！　勝手に鳴ってるんだって！」

龍之介君が負けじと返した。

リリリン、リリリン。リリリン、リリリン。リリリン、リリリン。

様子を見に行くと、確かに龍之介君は車から離れたところでテレビを見ていた。

「じいちゃん、分かったから！　うるさいし、俺が怒られるんだからもうやめて！」

リン。それきり、二度と鳴ることはなくなったのだという。

はるちゃん

うちの娘――みはる――が三歳の頃の話なんですけれども、と白石さんは語った。

白石さんがみはるちゃんを連れて、ふらりと実家へ帰った折のこと。

白石さんの自宅は、夫の実家の敷地内に建っている。時折こうして自宅を抜け出して、車を走らせるのが白石さんにはちょうどよい息抜きであった。

一時間も行けば、何の気兼ねもせず、縦のものを横にもせずに過ごせる実家である。

居間で母と談笑している間、みはるちゃんは縁側で一人遊びさせることにした。

陽射しはぽかぽかと暖かい。縁側と外とを仕切るガラス戸さえきちんと閉めていれば、庭へ転げ落ちる心配もなかった。狭い自宅では与えてやれない、よい遊び場であった。

「ママ、おじいちゃん、いる」

とたとたと駆けてきたみはるちゃんが、こんなことを言った。

え、どこに、と訊く白石さんの手を引いて、縁側へと案内する。

「ほら、あそこ、ね」

小さなお手々で指さしたのは、庭の片隅であった。

柔らかに揃えられた芝生に綺麗に形づくられた生垣、色つやの良い松の木。

見渡してみても、人の姿などどこにもなかった。

――そうなの、みぃちゃん。おじいちゃん、どんな？

ほんの戯れのつもりであった。

あるいは、我が子の〈ごっこ遊び〉に付き合おうとしたのかもしれない。

「おひげにめがねのおじいちゃんだよ」

――そうなんだ。おじいちゃん、何て言ってるのかな？

「はるちゃん、こっちゃ遊びさ来いへ――って」

自分の顔からさあっと血の気が引いていくのを白石さんは感じた。

よそのお爺ちゃんではなく、みはるのお祖父《じい》ちゃんが来ているのだ。

しかしお祖父ちゃんと言っても自分の父親ではない。夫の父親、つまり義父である。

義父はみはるちゃんがまだお腹にいるときに亡くなっている。

故に、彼女がその顔も声も知るはずはないのだ。それなのに。

幼い口ぶりが、義父の容貌を白石さんの脳裏に蘇らせる。

顎に蓄えた白髭に、瓶底のような眼鏡。みはるという名は性別が分かった時点で決めていて、周りがお腹に向かって「みいちゃん」と呼びかける中で、義父だけが「はるちゃん」と呼んでいた。

はるの顔を見たい、見たいと呟きながら逝った義父の——。

何故、義父が私の実家にいるのか。何故、みはるを呼ぶのか。

気味が悪くなった白石さんは、みはるちゃんを抱いて逃げるように実家を後にした。

宮城県での出来事である。

祖母と、母と

秋田県に住まう、眞子さんの体験談である。

お祖母さんが入院していたときのこと。もう先が長くないと言われた姑の世話に疲れたお母さんは、体調を崩して自宅で療養に当たっていた。

故に眞子さんは、今、台所に立って慣れぬ料理に悪戦苦闘しているのだ。

タイマーとコンロの火力、片手鍋にレシピ本。目は東奔西走である。

ざりっざりっ、ざりっ。不意に届いた異音に、眞子さんは顔を上げた。

台所から壁一枚隔てた向こうには砂利敷きの中庭が広がっており、整えられた松や梅の木の先には瓦葺の重厚な母屋が建っている。

しかし母屋の唯一の住人は今や病床に臥しており、中庭を歩く者は絶えて久しいはずであった。もちろん、郵便局員や宅配便の係員が届け物に訪れることはあったが、それとて通りに面したこの新宅のほうで全て受け取るのが常であった。

ならば、空き巣の類なのではないか。

眞子さんは冷蔵庫の脇に設えられた小窓からこっそり様子を窺った。

「んんんっ」

焦茶色の無地の御召に銀の帯、白足袋に草履の足許。覚えのある後ろ姿と、咳払い。

いや、しかし。お祖母さんはもはや寝たきりなのである。チューブに何本も繋がれて。

眞子さんは思わず目をしばたかせ、それからもう一度中庭に目をやったのだが。

そこには誰もおらず、鮮やかな木々の緑がただ広がるばかりであった。

鍋がしゅうしゅうと噴いている。コンロの火を落とさねばならない。

「んんんっ」

あの咳払いである。再び窓を覗くと、中庭を歩く後ろ姿があった。

やはり、誰かが入り込んでいる。着物姿こそお祖母さんに瓜二つではあるが、よく似た別人なのであろう。それにしても、誰が、何の用事で。

いったい、どうしたものだろう。今すぐ駆けていって声を掛けるべきか、それとも警察に通報するほうが先か。しばしの、逡巡。

手にした携帯電話がぴりぴりとけたたましく声を上げる。タイマー機能が作動している。慌てて指を運んで音を消す。今のお母さんは少しの音も気に障る。

そうだ、中庭――。

しかし着物姿は、夢まぼろしの如く消え去っていた。

自分までおかしくなってしまったのだ、と眞子さんは思った。お祖母さんを、お母さんを気に病む余り。終わりの見えないこの生活に。

これは私も診てもらったほうが良い。今度、診察に付き添ったときに相談しよう。

「んんんっ」

三度の咳払いである。ざりざりと草履を引きずって、焦茶色の着物を身に着けたお祖母さんそっくりの老女が母屋を目指している。

眞子さんは駆け出した。中庭にではなく、お母さんが眠っている二階へ。

——お母さん大変！　お祖母ちゃんがね、何度も中庭を歩いてるのよ！

馬鹿なことを言うな、私は疲れてるんだ。そう窘《たしな》められると思った。しかし。

「家に帰りたがっているのよ。私、迎えに行かないと。あの人、普段あれだけ口うるさいくせに、私がいないと満足に死ぬこともできないんだから」

母娘が慌ただしく病室に辿り着いた直後、お祖母さんは本当に息を引き取った。

「お婆ちゃん、お嫁さんがお迎えに来てくれて、良かったですね」

死亡診断書を書いた医師が、小さく声を掛けたのを眞子さんは聞いた。

まさとし

都内に住む、義之さんの体験談である。

義之さんは、先だって、天涯孤独の身になった。

義之さんに妻子はない。兄弟もいない。一人っ子だったのである。

けれど、両親は健在であった。仕事の都合で住むところこそ離れていたが、盆暮れには必ず帰省していたし、親子の仲も同年代男性にしては良いほうだったろうと語る。

ところが、その両親が亡くなった。一遍に、である。交通事故だった。

通夜に葬儀、初七日とやって、四十九日までは余り記憶がないという。

目の回る忙しさで、あれよあれよという間に時間が過ぎた。


さて、である。両親の住まいは賃貸マンションであった。

自分は既に職場の近くに分譲マンションを買っていたので、家は二軒も要らない。

このまま家賃を払い続けるのも、ということで、引き払うことにした。

これが、法要にまつわるあれこれよりも、もっと大変だったのだ。

実家の家財が、多すぎた。

古い人であったしそれなりに裕福であったから、結婚の折に母が持ち込んだ着物やら、夫婦で買い揃えた食器や箪笥やテーブルやソファや、宝石も絵画もあらゆる物があった。

本来であれば人生のエンディングに向かって、両親自身が少しずつ整理して、古物商へ売るなり、あるいは処分するなりしていたのであろう。それがまさか、一気に、かつ何の意向も聞かされていなかった自分が処分することになろうとは。義之さんは頭を抱えた。

ともあれ、いつまでもこうしてはおられない。色んな業者を呼びつけては、彼らの言う値段が正当なものかも分からぬままに、とりあえず一つずつ、物を処理していった。

ようやく、処分にある程度の道筋が見えてきた頃である。

クローゼット代わりに使っていた洋間に、某百貨店の紙袋がぽつんと置かれていることに気が付いた。電話帳が優に入るぐらいの大きさで、分厚いマチが付いている。

袋の口はホチキスで留めてあって、「まさとし」と書かれた紙が貼ってあった。

はて、と思った。こんな袋があっただろうか。中身は何が入っているのだろうか。

そもそも、「まさとし」とは誰なのか。思いつく限りの親戚の名を頭に並べてみたが、斯様《かよう》な名前の者はいないはずであった。

ともあれ中身を見てみないことには、と手を伸ばした瞬間、ぴんぽん、とインターホンが鳴った。頼んでいた古美術商かも知れぬ。紙袋はさておき、来客対応である。

それからしばらく、紙袋のことなどすっかり忘れていたのだが。

書籍も着物も洋服も美術品も売り払い、いよいよ家具を売却処分する日になった。引っ越し業者風のあんちゃんがやってきて、えっちらおっちらと搬出してゆく。随分狭い家だなと、物心付いたときから思っていたのだ。それがこうして見てみると、どうしてなかなか、広い家なのであった。溢れる家財が、狭く見せていたのだ。

十時の休憩にしますと言うので、千円札を握らせて、自分は家の中で休むことにした。がらんとした居間に、食器棚と、円形のテーブルだけが残っていて、

――テーブルの上に「まさとし」と書かれた紙袋が載っていた。

そうだこれだよ、この紙袋、と義之さんは思い出した。

いったい何が入っているのか、誰が遺したものなのか、さっぱり分からなかった。書かれている「まさとし」の文字だって、父の字にも母の字にも似ていない。

ともあれ、袋を開けて中身を見てやろう。そう思ったのだ。

そのとき、がっしゃん、という大きな音が外でして、二言三言罵声が続いた。

何があったのかと覗いてみると、家に来ているあんちゃん達が何かしている。すみません、本棚を倒してしまって、ガラス戸を割りました、と平謝りである。当初の見積もり通りのお代金をお支払いしますんで、と泣きそうな顔で言うので、義之さんはそれでいいですと告げて、残りの家財を片付けるように依頼した。

部屋に戻ると、「まさとし」と書かれた紙袋が消えていた。


以来、頭の片隅にいつもあの紙袋の存在があった。

従兄弟にも叔父にも訊ねてみたのだが、「まさとし」なる者に心当たりはないという。生前使っていた手帳を開いてみても、連絡先一覧にそんな名前の者はいなかった。

謎を解き明かすには、やはりあの紙袋を開いて中身を見るしかないのだ。

それなのに。幾ら家の中を探してみても見つからない。

家財はもう残っていない。下駄箱や押し入れ、クローゼットの戸も片っ端から開けた。

掃除はしたが、あれだけの大きさのものを誤って捨てるということもないだろう。

では、どこへ行ってしまったのか。


そんなことをしているうちに、家を明け渡す日が来た。

不動産屋による退去の確認は済ませた。水道局にもガス業者にも連絡をした。

後は、ブレーカーを落として家を出て、鍵を新聞受けに入れれば全て終わりである。

上着を着て、カバンも持った。ブレーカーは玄関の上がり口の壁にある。靴を履く前にスイッチを下げたほうが良いか、と思って気が付いた。

廊下の先、玄関ドアを背景に、「まさとし」と書かれた紙袋が置かれている。

ここに来て義之さんは、初めてぞっとした。これまでは、家の中に色んな人間が出入りした。だからもしかすると、彼らの手で紙袋が動かされることもあったかもしれない。

だが、昨日も今日もこの家には自分しか立ち入っていない。今日ここに来たときには、紙袋は置かれていなかった。自分自身も紙袋には触っていないし、そもそもこれの行方は分からなくなっていたのである。

がさ、と紙袋が動いた気がした。あたかも「早く見ろ」と言わんばかりであった。

これを開けてはならぬ。好奇心はあったが、それよりも恐怖による自制心が勝った。

義之さんは紙袋をそっと跨ぐと、ブレーカーを落とし、外に出て、鍵を閉めた。

中から、今度は声が聞こえた気がした。「まさとし」だ、と義之さんは思った。

しかし義之さんは無視して新聞受けに鍵を放り込むと、そのまま家を後にした。

以来、紙袋は現れない。正体も分からぬままだし、探るつもりもない。

ナッちゃん家の長靴の話

「やっぱり、泥棒だったのか……」
悔しそうな声で、奈津さんのお父さんが呟いた。
規則正しくタイルの貼られた玄関の三和土《たたき》。
そのど真ん中に、見知らぬ黒いゴム長靴が置かれている。
雪の多いこの地では一般的な、防寒用の長靴である。
筒丈はひざ下がすっぽり収まる程度。履き口には茶色い毛皮が貼られて。
色から察するに、男性用であろう。
俺らのじゃないもんな、と奈津さんの兄と弟が言い合っている。
仰げば見える八甲田連峰も、最近は白い部分がかなり小さくなってきた。
海に近いこの辺りではとうに雪は融けて、長靴を今更履く必要はない。
故に、家族の長靴はとうに仕舞っている。
だから奈津さんも、泥棒が、自分の履いてきた長靴を置いていったのだと思った。

前夜のことである。
めきめきめき、ばりばり、どかん。不穏な音で奈津さんは目が覚めた。
隣の和室からである。何かが割れるような音。何かが落ちたような音。
あちらは兄と弟が使っている。喧嘩だろうかとも思ったが、余りに酷い音である。
慌てて様子を見に行くと、果たして二人は電気を点けて布団の上に突っ立っていた。
「あんた達、こんな時間に何やってんのよ」
バタバタと駆けてきたお母さんに問われた兄は、黙って押し入れを指さした。
開け放たれた襖のその奥で、天井板がＶ字に裂けて穴ができていた。
あたかも空手家に叩き割られたかのごとく、見事に割れていた。
寝ていたら急にすごい音がしたんだ、と弟は答えた。
「天井裏に何かいるのかなぁ」
懐中電灯を手にした兄が、上半身を穴の中に潜らせた。
しかし、そこには綿埃の海原が広がるばかりで、何の姿も見当たらなかった。
そこでやむなく、猫でも入り込んでいたのだろう、と家族で結論づけたのだった。
しかし、この長靴である。猫が長靴を履くのは絵本の世界だけなのだ。

けれども――。家族の誰も、あのとき、人の姿を見ていない。

天井を突き破る音がしてすぐに自分は和室へ駆けつけた。両親もやってきた。

そもそもその場には、兄と弟がいた。

家族全員の目を掻い潜って逃げ出すことなど不可能なのである。

しかし第三者の足音も、気配も一切感じられなかったのだ。


「ぎゃっ」

小さな悲鳴であったが、これまで聞いたことのないお父さんの声であった。

「何だよこれ」

心なしか、声が震えている。見れば、掌中に何かある。

三十センチほどの、不揃いな長さで。絹糸よりはやや太い繊維の束である。

黒くて、しなやかで、少し乾燥した、余り艶のない――毛髪、であった。

「何だこれ、何だこれ、何だこれ……」

手を長靴に突っ込むごとに、一掴みはあろうかという毛髪の束が出てくる。

その情景への理解に苦しんだ奈津さんは、中を覗いてぞっとした。

毛髪がみっちりと詰まって、とぐろを巻いているのだ。

お父さんが全て掻き出した頃には、こんもりとした小山が出来上がっていた。
誰のものとも付かぬ、長い黒髪の。

もう三十年近くも前の話である。
お父さんの転勤の都合で二年間だけ住んだ、青森市内の一軒家での出来事だという。
ちなみにその長靴は、しばらくの間、お父さんが使った。

チヌ釣りの夜

仙台市に住む浜田さんは、無類の釣り好きである。

特にチヌとも呼ばれるクロダイを釣るのがお気に入りであった。

白波砕ける荒磯に立ち、知恵比べ根性比べの末に大物を仕留めたときの達成感は、何物にも代え難いのだと熱弁する。


そんな浜田さんであったから、「ちょっと遠いんだけど、なかなかに良さそうな場所を見つけたよ」という言葉に飛びついたのも当然のことだった。

同好の士とともに四人でワンボックスカーに乗り込み、一路西へと走らせる。

車窓の片側には山裾がぎりぎりまで張り出し、もう片方には雄大な日本海。

汀線《ていせん》を縫うように造られた道路の、そこから僅かに外れた広場に車を駐めた。

こんもりと海に突き出た小山の、裏手の磯で釣るのだと仲間は言った。

真っ赤な太陽が、するすると水平線へ沈んでいった。

帰途に就くのは翌朝である。一杯引っ掛けて、食事をして、いざ準備に取り掛かる。

ヘッドライトで手元を照らしつつ、道具箱から取り出した仕掛けをセットしていると。

「あ、行かなくちゃ」

仲間の一人である鈴木さんであった。辺りを見回したかと思うと立ち上がり、スライドドアを引き、一筋の明かりを残して潮騒響く暗闇へと歩き出す。

三分経った。五分経った。十分経った。けれども戻る気配はない。

トイレだとしても、いささか長すぎはしないだろうか。

浜田さん達が心配していると、おーい、おーい、と声がする。

鈴木さんだ。真っ暗な中で、ヘッドライトの白い明かりがちらついているのが見えた。

仲間とともに駆け出してみれば、二メートルほどの低い崖の下で鈴木さんが手を振っている。訊けば、下りたはいいものの、戻り道が見つからず困っているという。

草をかき分けかき分け見つけたのは、石をごろごろと階段状に積んだような小径《こみち》。

酷く足許が悪い。いったい何のためにこんなところへ下りたというのか。

「呼ばれた気がしたんだよなぁ」

浜田さんの肩を借りながら、鈴木さんは答えた。

竿を振り始めてどのぐらい経っただろうか。

穏やかな水面には月光が銀箔のように輝き、ざわざわと波打つ音の合間には道糸が風を切る小気味よい音だけが響いた。

「あ、行かなくちゃ」

不意に思い出したかのように、鈴木さんが立ち上がった。

岩の窪みに竿を立てかけ、ひょいひょいと岩を跳ぶような足取りでどこかへ行く姿を、浜田さんは不思議そうに見送るほかなかった。

三分経った。五分経った。十分経っても帰ってこない。もしかして。

おーい、おーいと声がする。聞き覚えのある声である。

蛍のように明かりのちらつくのは、先ほどの崖。鈴木さんが手を振っている。

石の小径を下りて、鈴木さんに肩を貸して、車に戻る。

「呼ばれた気がしたんだよなぁ」

熱いお茶を飲んで一息ついた鈴木さんが、ぼそっと独りごちた。

これは何かがおかしい、今日はもう止めよう、と言ったのは誰だったろうか。

けれども皆、酒を飲んでしまっている。明日の朝まで車は出せない。

石像のようにシートに身を沈め、まんじりともせず、ただ目だけをぎょろつかせ、何かに怯えるように押し黙って時間の過ぎるのを待つほかなかった。

けれども、夜は長い。風が強くなってきたのか、ごうごうという音が渦巻いている。磯から湧きあがった空気の塊が時折車を揺らし、その勢いのまま崖へと駆ける。

どーん、どーんという太鼓とも遠雷とも付かぬ音は、砕ける波が奏でるものか。

合間を縫って、おーいおーいと声がする。気のせいかもしれないが、確かに聞こえる。聞き覚えのあるような、ないような声である。誰もいるはずなどないのに、声がする。気のせいだ気のせいだ気のせいだ。両手を耳たぶに押し付ける。

「あ、行かなくちゃ」

鈴木さんが立ち上がる。そんな訳はない、馬鹿なことはよせと引き留める。

やめろ、行かなくちゃ、誰も呼んじゃいないから、行かなくちゃ、おとなしくしてろ、行かなくちゃ。三人掛かりで羽交い絞めにするほど、鈴木さんの力はすさまじかった。

ようやく、夜が明けた。

稜線から差し込む朝陽が、隈の浮かんだ浜田さんの顔を照らし出す。

隣では、何事もなかったかのような穏やかな顔で鈴木さんが眠っている。

「おいこれヤバイぜ」

　煙草を吸いに外へ出ていた仲間が、大声で呼んだ。目線の先には、昨夜鈴木さんが何度も呼ばれた件の崖地があった。

　小さな入り江。石礫《つぶて》の浜辺。ひたひたと打ち寄せる、緩やかな波。

　そこに、ごろごろと岩が転がっている。大人の腕でも一抱えほどはあろうか。一見すると何の変哲もないが表面に手を加えた痕跡があり、人の形を模したようにも見え、幾ばくかは風化したとはいえその凹凸はあたかも目鼻のように見えて――。

　石仏なのだと気が付いた。じっくりと見れば文字のようなものも彫られている。

「ふわっ、うわぁぁぁぁぁっ！」

　今、自分が足を乗せているのも、昨夜鈴木さんに肩を貸して上がってきたあの石段も皆、石仏なのであった。あそこにも、ここにも。石仏、石仏、石仏。


　後日――。当地に詳しい釣りの先達に訊ねる機会があったそうだ。

「あそこはさ。潮流の具合で昔からよく水死体が流れ着くんだよ。供養のための仏さんがたくさんあったろ？　よく釣れるのは釣れるんだけど、俺らは行かないよ」

　そんなことを、言われたという。

禁足地

私が、関西地方で勤務していた頃の話である。

当時のオフィスは、街から少し外れた山の麓にあった。
とある神社の、御祭神が降臨したと伝えられる山である。
傾斜地を切り開いた土地に建つ、二階建ての小さな建物。
と言っても、これは手前のバス通りから見た場合の話である。
一階は斜面に食い込むように建っているから、山側からだと平屋に見えるのだ。
私のデスクは、二階にあった。フロアは、ちょうど学校の教室ぐらいの広さである。
正面の、教室で言うと黒板に当たる位置に窓があり、それを背にして所長が座る。
私は反対側の端っこで、執務エリアを挟んで所長と向き合うような位置にあった。
晩秋の候、窓の向こうの木々は鮮やかに色づき、目を楽しませてくれた。
しかし窓の下にはフェンスが巡らせてあって、それより奥こそは神域であった。
神職以外が立ち入ることを禁じられた、手つかずの森なのである。

その日は幾つもの業務が重なって、にっちもさっちも行かなくなっていた。

オフィスのメンバーはそんな私を置いて、次から次へ帰っていく。

一つ、また一つと消されていく電灯とともに、裏山から闇が忍び込んでくる。

この辺りの最終バスは早い。所長もそれに乗って、街へ帰ってしまった。

日付が変わり、一時を回った。とうとう、オフィスには私一人である。

タクシーを呼べば市内にある寮へ帰ることもできるが、小一時間は掛かるだろう。配車の時間も考えれば、もっと掛かるに違いない。

おまけに翌朝も早い。今日はもうここで夜を明かそう。

スポットライトと呼ぶには寂しい蛍光灯の下で、私は一人腹を括った。


——むおおおおん、うおおおおん。

キーボードを叩く音の合間に、重く低い音が混ざる。

初めは、エアコンの調子でも悪いのかと思ったのだ。

しかし、私の右手奥に鎮座する業務用のそれは電源ランプが点いていなかった。

こんな時間であるから、外を通る車でもあるまい。そもそも、音が移動していない。

——うおおおん、ゆおおおおん。

それは、私の真正面から聞こえてくるようであった。

闇に沈むオフィスはしんと静まり返っている。ではこの音の源は、窓の向こうの深い森の中にでもあるというのだろうか。

寄せては返す、さざ波のような音程の上下。うなるような節回し。

よく聞くと、時折音が途切れることにも気が付いた。まるで息継ぎをするかのように。

……息継ぎ？

無意識に行った解釈に、我ながらぞっとした。

もしかしたら、と一瞬思ったけれど、そんなはずはない、と打ち消したのに。

誰かが、丑三つ時の、明かり一つない山の中で、経を読んでいる。

——ゆおおおおん、むおおおおん、うおおおおん。

こんな時間にこんな場所で読経する者が、人間であろうはずがない。

けれども、と私は思った。

窓は閉まっているし、山の斜面からはそれなりに距離もある。

幾ら大声であったとしても、私の席まで聞こえるということがあるだろうか。

もしかして、この声の主は。

——おんおんおんおんおんおんおんおんおん……。
こちらの胸の内を見透かすかのように、急に声量が増した。
野太いけれどもしなりのある見事な男声が、今やオフィス全体に響いている。
声の主が、室内にいるのは明らかであった。
所長席の辺りに堂々と陣取って、朗々と読みあげているのだ。
こうなっては、今更逃げ出すこともできない。逃げ出す先もない。
私にはただ、カバンから取り出したお守りを握りしめるほかなかった。
否、やるべきことはまだあった。
今、私の目の前にはパソコンのディスプレイがある。
ここから少しでも頭を左右にずらせば、彼に見つかってしまうかもしれない。
私はそっと回転椅子を限界まで低くすると、デスクの下へと潜り込んだ。
そうして、おんおんと空気が震える中、無理やりに丸まって眠りに就いた。

翌朝。始業時間を迎えて早々に、私は所長席に呼び出されていた。
忙しくとも身体を壊してはどうにもならぬ、オフィスに泊まらず帰宅するように。

そう説教する所長の肩越しに、私の視線は裏山へ向いていた。
昨夜のあれは、いったい何だったのだろうか。
探るようなその目が、一点で止まる。
幾重にも立ち並ぶ木々の僅かな隙間。黄金色の絨毯《じゅうたん》に埋もれるように。
子供の背丈ほどの、小さな、年季の入った社が、こちらを向いて建っていた。
閉ざされた扉の向こうに何が祀られているのか。あの読経とどんな関係があるのか。
それは知る由もない。
けれどもそこは確かに、禁足地なのだ。

北の溟談《めいだん》

以前私は『青森怪談 弘前乃怪』(竹書房怪談文庫。共著)に「度胸部屋」という話を書いたのだが、覚えておられるだろうか(未読の方はお買い求め下さい)。
青森県内のとある学生寮にまつわる怪異なのだが、そこにこんな噂が登場する。

ある先輩曰く——座敷童が出る。

以下に記す話はいずれも、この学生寮で起きた怪異である。
さて、この寮には果たして本当に座敷童がいるのだろうか。

あの子どこの子

八月は寮祭の季節である。祭り、と言っても出店が立つ訳ではなく、寮生各自が食材を持ち寄り、先輩後輩分け隔てなく中庭でバーベキューをする、そんなイベントであった。

どんどん、肉を焼く。浅間さんがコンロで肉の番をしていると、青々としたプラタナスの木陰に佇む一人の少年の姿が目に入った。

年の頃は小学校三、四年生程度、ひょろっとした身体で白いランニングシャツに茶色の半ズボン姿。狐と思しき面を側頭部に掛けているのが印象的であった。

「あれ、君どこの子？　まあいいや、こっち来て一緒に食べようよ」

本来なら部外者は敷地内立ち入り禁止なのであるが、今日ぐらいはいいだろう。酒の力もあって浅間さんは気が大きい。じっと立ったままの少年をコンロの脇まで引っ張り出した。

けれども――。何故この子は、せっかくの焼き肉を食べないのだろうか。真っ赤な炭火をじっと眺めるばかり、脂をじぷじぷ言わせ良い薫りを漂わせる肉を取ろうとしないのだ。いつもの安売りスーパーではない、街中の精肉店で買ってきた国産牛だと言うのに！

「おい、浅間ぁ。その子、誰だよ。全然食ってねえじゃんか」

十二分に出来上がった先輩がやってきて言った。ほら遠慮しないで食べろよ、飲み物はカルピスでいいか、と柄にもなくおせっかいを焼いている。

けれども、全然食べようとしない。どこに住んでるの、今、何年生、という問いかけにも一切答えず、ただただ立ち尽くすばかりなのである。

そうこうしているうちに、一人吐き、二人吐き、次々と居室に消えていく。仕方がないので浅間さんが片付けに追われる。ようやく一息ついた頃、少年は消えていた。

翌朝。まだ酒臭い先輩達がのそのそと這い出してくる。

昨日の少年は結局どこの子だか分からずじまいでしたよ、と浅間さんは声を掛けた。

「は？　お前何言ってんの？　誰だよそれ」

アルコール漬けで頭が回っていないのかと説明を重ねるが、一向に伝わらない。次々と起き出してくる先輩に片っ端から訊いてみても、そんな少年はいなかったの一点張りだ。

そんなはずはない、と浅間さんは腹が立った。みんなあれだけ少年に絡みにいっていたではないか。肉、飲み物、お菓子。何人があの少年と会話したことか。

けれども誰に訊ねても記憶がないのだ。そんな中、唯一引き出せた記憶があった。

「そういえばお前、肉焼いてる間ずっとぶつぶつ独り言言ってたよな。あれ何？」

声の主

あ、また声がする。ベッドで横になりながら諏訪さんは思った。

ここ一週間ほどだろうか。諏訪さんの居室の真上の部屋から、声がするのだ。

もちろん人が住んでいれば声ぐらいするのが普通なのだが、男の声ではないのだ。

女人禁制の男子寮であるのに、女のような、もっと高くて幼い――幼稚園児がはしゃぐような笑い声がする。けらけら、きゃっきゃとそれは楽しそうに笑う。

声だけならば、もしかすると動画の音が漏れているだけかもしれない。

けれども、とてとてとて、と足音までするのはいったいどうしたことか。子供が部屋を走り回っている以外に想像が付かないではないか。

夜遅くまで研究室に籠もっているから、日中のことは分からない。しかし帰宅後のこの時間――日付が変わってしばらく経った頃――になると、確実にきゃっきゃと騒ぐのだ。

上の部屋の先輩とは久しく顔を合わせていないが、いったい誰を連れ込んでいるのか。ひそかに子を設けて、しかも寮で一緒に暮らしているとでもいうのか。

どうしても気になった諏訪さんは、週末の朝、仲の良い先輩に問うてみることにした。上の部屋にいる子供は先輩の何なのか、寮長にバレたら退寮させられるのではないか。

返ってきた答えは意外なものであった。

「諏訪君さ……あんまそういう冗談は良くないよ……。怖いこと言わないでよ」

え、何がですか、どういうことですかと問う諏訪さんに、先輩は重ねて言った。

「諏訪君の上の部屋の須坂さん、先週自殺したじゃん。硫化水素を使って。警察も消防も来て大騒ぎになったの、覚えてない？　だからさ、誰もいるはずがないんだよ」

恒例行事

今となっては昔の話である。

お父さんが晩酌の手を止めた。それを見たお母さんが重箱の蓋を閉めた。お祖母ちゃんはテレビを消し、お祖父ちゃんは居住まいを正した。

「お、そろそろだな」

少し遅れて光丘さん姉妹も、カルタをやめてこたつに入った。

一家全員が、やや緊張した面持ちで身を寄せ合ってそのときを待っている。

年の初めのためしとて、元日の夜が更けていく。

カチ、カチ、カチ……。黒光りする木の柱に掛けられた、古くて大きな振り子時計だけが、この家の中で音を立てている。みんなただ、じっと待っている。

ぱた――――ん。何かがぶつかる、やや湿り気を帯びた音が、反響とともに光丘さんの耳に届いた。ぱたん、ぱたん、ぱたんと音は続く。

ああ、今年も来たんだ、と光丘さんは思った。家族を見回してみると、皆一様にほっとしたような顔をしている。

　今年も歳神様がうちの一番風呂に入りに来てくれた、と。

　光丘家は都内某所で銭湯を経営している。昔ながらの造りで、壁一枚隔てて店と自宅が隣り合っている。家族総出で、銭湯の仕事をする。

　大晦日は早じまいをして大掃除をし、元日の夕方から水を張り、夜になると火を入れ、二日からの朝風呂営業に備えるのが常であった。

　そして一日の夜には必ず、若水を満々と湛えた大浴槽に何枚も渡してある蓋代わりの木の板が、ぱたんぱたんと音を立てるのである。

　これを光丘家では「歳神様がお見えになる」と称していた。

　お父さんによれば、これは光丘家だけに起きるものではないらしい。同様の現象を体験している同業者は何軒もあって、皆、吉祥として捉えているようである。

　ちなみに、光丘さんのところでは女湯の蓋ばかりが鳴っていた。なので、「うちに来る歳神様は男の神様」と皆思っている。女湯を覗きにきている、ということらしい。

　湯船に板を渡していた時代は随分前に終わったので、今はもう鳴ることはないけれど。

　それでも、元日の夜は神様のための時間なのだと、光丘家では言い伝えられている。

幽霊なんて

「幽霊なんてね、いないんだよ」

怪談を取材していると告げた私に、住吉さんは切り出した。


友人と二人で、関東某所へキャンプに出かけた折のこと。

メジャーなキャンプ場は人ばかり多くてうんざりだと前々から言っていた住吉さんに、ほとんど人が来ない穴場があるのだと彼は言った。交通の便は悪いけれども、と。

電車に揺られ、バスを乗り継ぎ、周りに人家の見当たらぬバス停に降り立った。

ここから更に歩くらしい。森を貫く小径は薄暗く、足許がぬたぬたとぬかるんだ。

よほど人が来ないのか、小枝や蜘蛛の巣を払いながら奥へ足を進めていく。

十分、二十分、歩いただろうか。不意に視界が開けて、そこが目指す地であった。

シーズンオフが故か、管理小屋は無人である。備え付けの電話を鳴らすと、気怠そうな親爺に繋がった。曰く、俺は街にいて面倒は見てやれぬ、好きな場所にテントを張って、好きなように使っていいから、と。

なるほど、これは穴場である。なだらかな山裾に陽射しが満ち満ちて、梢を風が渡り、名も知らぬ小鳥がさえずった。清らかな流れにはわさび田が組まれ、小魚が躍っている。
けれども――。視界の片隅には、黒々とした森が口を開けている。先刻通り抜けてきたあの森である。ここだけはどうにも気味が悪い。なるべく目を向けないようにしよう、と住吉さんは思った。

夜。おぼろげなランタンの明かりの下で、友人と肩を寄せ合う住吉さんの姿があった。

ごうごうと吹き下ろす風がキャンプ場に渦巻き、ばさばさと木々が囃し立てる。

明日一日は来ないと思っていた台風が、思ったよりも早く近づいているらしかった。

夕食を取りながら始まった会話は、話題を二転三転させて、いつしか怪談を語り合っていた。こんなときに止せばいいのにと思わなくもなかったが、それでも、無言でいるよりは幾分ましであった。

あの山小屋で聞いた話なんだけれども。これは釣り仲間が体験した話で。

「ところで」口を開いたのはどちらからだったか。

「ここに来る途中の森だけど、何だか薄気味悪くないか」

「木からロープがぶら下がってるのを見たか？　確実にあれをやった跡だよな」

遠くの怪談より、目と鼻の先のロープである。住吉さん達は身を小さくした。

今、何時なのだろう。住吉さんは不意に目が覚めた。

ばらばらと豆をぶつけるような音を立て、雨粒がテントを叩いている。どうどうと空気が震えているのは、川の流れがその勢いを増しているがためであろう。

——朝が来たら、早々に撤収したほうが良いかもしれない。

ぼんやりと考えるその顔を、ひんやりとした風が撫でた。

テントの中を空気が循環している。ということは、どこかに穴が開いているのだろう。

早く見つけて、修理せねばなるまい、と思った。

寝袋に入ったまま、目だけを動かし辺りを探る。

その視点が一か所に釘付けにされて、住吉さんは小さく息を呑んだ。

きちんと閉めたはずのテントの入り口が、半分ほど開いているではないか。

ひらひらと何かを招き入れるがごとく、ナイロン生地がはためいている。

そのたびに風が、雨水が入り込んで、ぽたぽた、ぽたぽたと中を濡らしていく。

じ、じじじ、じじ……。羽虫のような音が微かに混ざる。

ファスナーが少しずつ上がって、入り口が開いていく。

野外で一番恐ろしいのは動物との遭遇であるが、彼らにこんな芸当はできない。

では何が。いや、誰が。考えている合間にも、ファスナーはどんどん開いていく。

暗闇からぬうっと覗き込んだ老婆の姿に、住吉さんは今度こそ声を上げた。

濡れそぼった白髪に、刻み込まれた深い皺。闇夜に、ぼうっと顔だけ浮かんでいる。

にちゃ、と口が開いて、こう言った。

「あんた達、大丈夫かい。台風が来てるからね、早く引き上げるんだよ」

「この話は、これでおしまい。な、幽霊なんていないんだよ」

住吉さんは言った。老婆は誰なのか、どこから来たというのか。私が何を質問しても、
住吉さんは〈さあな〉と言うばかりで一切答えてくれなかった。

だんだん

信子さんが小学校中学年の頃だというから、元号はまだ昭和であったろう。

新年を迎えて間もないその日、信子さん家族は父の友人一家とともに宮城県北の温泉地を訪れた。大人四人に男の子三人、信子さん含む女の子二人、和気あいあいの旅である。

丘の上に建つ大きな旅館に宿を取り、日中はスキーを楽しみ、陽が暮れたら温泉へ。

夜。並んだお膳に、食べきれるのかという量のおかずが色とりどりに並ぶ。

大人達は、ビールを日本酒をどんどん空けていく。酒量に比例して声が大きくなって、積もる話が膨らみ続けて止まらない。

子供達はと言えば、デザートまで食べ終えて手持ち無沙汰である。男の子達はプロレスごっこを始めている。女の子二人、顔を見合わせる。

「宿の中を探検しに行こう」

どちらが言い出したものか、ともあれそういうことになった。

同い年の花子ちゃんと手を繋ぎ、浴衣に館内履きで駆けていく。大浴場を覗いて回ったり、誰が買うのか分からない民芸品を手に取ったり。ゲームコーナーで光と音に呑まれたり。

けれども、さすがに零時近くともなると館内はあらかた見尽くしてしまった。ようやく体力を使い果たしたこともあって、部屋へ戻ることにした。

　浴衣に丹前を着た人たちが大勢行き交っていた廊下は静まり返り、照明は必要最低限に落とされて、足許に続く赤絨毯も色褪せて見える。


　かた。かちゃかちゃ。かたん。

　どこからか、微かに硬い音がした。

　目と鼻の先にある階段を上がって長い長い廊下を戻れば、その先が客室棟である。既に目蓋は重たくなりつつあったが、好奇心が眠気を押しやって、足を止めた。花子ちゃんも不思議そうな顔をしている。

　見れば式台が設えてあって、上がり框《がまち》の先には四枚立ての襖が並んでこちらと向こうを隔てている。どうやら、ここにも広間があるようだった。

　かちゃかちゃ、かちゃかちゃ。かたん、かたん。

　ああ、これは食器の音だ、と気が付いた。仲居さんが宴会の後片付けをしているのだ。今夜はお客さんが多いから、こんな遅い時間まで働いているのだろう。

　けれどもふと違和感を覚えて、目線を上げる。

襖の上には欄間があって、透かし彫りにされた松の木の向こうは暗闇が広がっていた。

え、電気も点けずに仕事をしているの。そう思ったときだった。

ざざざざざざざ！　畳を駆けて何かがこちらへ近づいてくる。

かたかたかたかた……。小刻みに食器の揺れる音とともに。

ばん！　硬直した信子さん達の目の前で、襖が勢いよく左右に開け放たれた。

だんだんだんだん！　現れたのは、仲居と思しき女性である。

踏み込み床の上で、幼子のように地団駄を踏んでいる。

かちゃかちゃかちゃかちゃ……。三段重ねのお膳の上で、銚子や小鉢がぶつかり合う。

けれども、膝から下だけなのだ。オレンジ色の着物の裾と白足袋だけが規則正しく足を踏み鳴らし、そこから上はすうっと消えて床の間が透けて見えている。

胴も腕も何もなく、故にお膳は宙に浮かんだ格好なのだが、足に合わせて揺れている。

だんだんだんだん！　なおも足踏みは続いている。それはまるで邪魔者を威嚇《いかく》するかの如くに見えて、信子さんの血の気が引いた。

「これ、見えてるよね」「うん、見えてる」

運動会でも出したことのないような大声を上げ、我先にと走り出す。見間違いだったら悪いことをしたなという思いと、部屋まで追ってきたらどうしようという思いが頭の中を渦巻いて、階段を駆け上がる瞬間ちらりと後ろを振り返る。

まだ、地団駄を踏み続けている。あたかも何か透明な壁があって、そこから出られないいら立ちをぶつけるかのように、一つところでだんだんと音を立て続けている。

信子さん達は今度こそ倒《こ》けつ転《まろ》びつ逃げ帰り、がたがたと布団の中で震えて朝を迎えたのだった。


翌朝。昨夜はどこにいたのと親から問われて、信子さんは再び泣いた。事細かに出来事を話してみたものの、到底信じてもらえるはずもなかった。けれども泣いたのは、恐怖が蘇ったからでも、信じてもらえない悔しさからでもなかった。

旅館の構造からして、例の広間の前を通らないと外に出ることすらできないのである。またあれが現れたらどうしよう。今度こそ追い掛けてくるのではないか。そう思った。

親の背後に隠れるように、広間の前を通る。ちょうど仲居が部屋を片付けている。その身に着けたお仕着せは、浅葱《あさぎ》色をしていた。

件の旅館は、その後とある事故を機に廃業して、今は廃墟となっている。

心霊スポットとして動画やブログにも掲載されているとのことだが、信子さんはサイトを開く気にならない。まして再びあの地を訪れる気にもならない。

帰寮

私が新入社員だった頃の話であるから、それなりに昔の出来事である。


その日は珍しく残業をして、帰りが遅くなってしまった。

地下鉄の終電はとうに発っている。仕方なくタクシーに乗って、社員寮へ帰り着いた頃には既に深夜一時を回っていたように記憶している。

独身者ばかりが二百人も三百人も暮らす寮はなかなか大きく、複数の棟に分かれた団地のような構造になっていた。それぞれの棟で内廊下を挟んで、居室が向かい合っている。

私の部屋は、二号棟の三階であった。

部屋の扉を開けると、右手に洗面台、左手にクローゼット。洗面台の奥にはデスクが、クローゼットの奥にはベッドが据えつけられていた。正面には、大きな窓。

カバンをデスクに放り出して、着替えもそこそこにベッドへ入る。

窓へ頭を、玄関へ足を向けて横になった私は、するすると眠りの淵へ沈んでいった。

――ぼそぼそ、ぼそぼそ。
どこからか、声が聞こえて目が覚めた。
こんな遅くに帰ってきた人がいるのだ、と私は思った。
向かいの部屋には先輩が、隣の部屋には同期が住んでいた。
おおよそ、飲みにでも行ってきて、まだ廊下で話しているのであろう。
――ぼそぼそ、ぼそぼそ。
あれ？　と私の中に小さな疑問が浮かんだ。
先ほどよりも、少しだけ声が大きく聞こえる。
それで気が付いたのだが、この声の主は会話をしていない。
聞こえてくるのは、その男一人分の声だけなのである。
酔っ払いが一人きり、何事かくだを巻いているというのだろうか。

――ぶつぶつ、ぶつぶつ、ぶつぶつ。
声は途切れることなく続いている。
何を言っているのか定かでないが、声の低い男が何事か呟いていることは分かる。
先ほどよりも、更に声が大きくなっている。むしろ、部屋の中から聞こえてくる。

しかし、そんなことはあり得ないはずだ。
玄関の鍵は必ず閉めるよう、自分に習慣づけているのだ。
仮に開いていたとしても、誰がこんな時間に、勝手に他人の部屋へ入るのか。
――ぶつぶつぶつ、ぶつぶつぶつ。
声の主が、少しずつ近づいてくるのが分かる。
ふぁさ、ふぁさ。部屋に敷かれた絨毯をはだしで踏む足音が聞こえる。
すぐそこで、誰かと会話でもしているような声量である。
それなのに、何を言っているか全く聞き取れない。
これ、もしかして人間じゃないのでは。
そう思った私は、いつも身につけているお守りを手に取ろうとして気が付いた。
一つは、お守りはカバンに入ったまま、デスクの上にあることに。
もう一つは、身体の自由が全く利かない状態にある、ということに。
仰向けになったまま、身じろぎ一つ取ることが叶わないのである。
当然、お守りへ手を伸ばすどころの話ではない。
寝たふりをしてやり過ごすしか、私に残された手段はなかったのだ。

――もごご、もごもごもご。もごもご。
相変わらず何を言っているのか定かでないが、何事かを呟きながら。
ふぁさ、ふぁさ。ふぁさ、ふぁさ。一歩一歩、男が枕元へ近づいてくるのが分かる。
彼はとうとう、私の頭のすぐ脇に立った。
私は目をぎゅっとつぶり、息すらもこらえて、己を無にしようと試みる。
何か少しでも反応を見せれば、彼に気付かれてしまう。そう思ったからだ。

と、その瞬間、ふっと彼がしゃがみこんだ。
そして、ぐぐぐぐぐ、と私の耳元に近づく気配がして。
「起きてる」
今度ははっきりと、彼の言葉が聞き取れた。
私は声を上げないようにするのに必死であった。
得体の知れない何かの顔が、私の左耳の、数センチ先にいるのである。
こんなに耳元で喋っているのに、全く吐息を感じられない誰かが。
目蓋と顎に渾身の力を込めて、耐える。
すると彼は続けて、こう言った。

「目が、動いてる」
これだけずっと力を入れていれば、眼球も動くというものである。
しかしまさかそんなことを、わざわざ指摘されるとは思わなかった。
私の意識が、水が引くように遠ざかっていく。
気付けば、朝になっていた。
あれが誰だったのかは分からない。
けれども、心当たりのようなものはあった。
深夜まで及んだ、前日の残業である。
私が行っていた作業は、古い社員票の整理であった。
現在では電子化されている個人データも、過去に遡れば紙に記録されていた。
それを全て電子化すべく、キャビネットから取り出し、箱詰めしていたのだ。
社員の中には、業務上の事故で死亡した者や、あるいは死病で命を落とした者もいる。
それらを取りまとめた「物故者」のフォルダを触ったことは、覚えている。
もしかするとその中の誰かが、一緒に寮へ帰ってきたのかもしれない。

同衾《どうきん》

仙台に住む、さくらさんの話である。

ふと、目が覚める。身動きを、一切取ることができない。

体側が、ベッドにめり込みそうである。それほど強く、何かが身体を拘束している。

自分の身に、何が起きているのか分からない。

目が、だんだん闇に慣れてくる。

寝ぼけ眼が、次第に開く。虚空に、像を結び始める。

〈ああ、見なければよかった〉

ワンルームマンションの、シングルベッド。狭い狭い、しかし自分だけの空間《もの》。

そこに、自分以外にもう一人。横たわっているのが、見える。

老婆である。老婆が、自分に添い寝しているのである。

何故、老女と分かったたか。白髪だからである。顔が、こちらを向いているからである。

身体に纏った、真っ白な着物。髪は、短く切り揃え。

ややぽっちゃりとしているが、目鼻立ちのくっきりした顔。

斯様な者と、鼻息もかからんばかりの距離で。相対しているのである。
もちろん、見ず知らずである。ベッドへ潜り込まれる理由など、全く以て。
いや、一つだけあった。

友人の、片倉の話である。付き合い始めたという噂の彼女と、沖縄へ行ったのだと。
夜。島のホテルで休んでいると、不意に激痛が走った。
目を開く。月明かり。手指が痛い。視線を送って、息を呑む。
背を向けて寝ている彼女の手前側。二人の仲を裂くように、白髪の老婆が横たわり。
片倉の指をかじっていたのである。ぺちゃぺちゃ、はぐはぐと音立てて。
真っ白な着物を着て、ショートヘアの、ややぽっちゃりとした目の大きな女であった。

こんな話を、つい数時間前に聞かされたばかりだったのである。
では、これは夢なのか。もう一度、目の前にいるそれに目を向ける。
ぎょろりと目玉が動いて、重なる視線。やはり、白髪の老婆である。
〈くっそ、このババア、こっちに憑いてきやがったのか〉
さくらさんは、見た目に反して口が悪い。

家出の理由

「なあ荒木、今朝言ってたあれ、マジなのかよ」
「当たり前じゃん。冗談で他人に言えることじゃねえって」
自転車を立ち漕ぎしながら、荒木君が言った。
今夜は、高校の同級生である織田君の家に泊めてもらう予定なのである。
昨夜のこと。荒木君は、異変に気が付いて眠りから引きずり出された。
何かが耳元で、大音量で鳴り続けている。甲高い、ブザーのような。
あるいは電動工具で、何かを研削しているような音が近いかもしれない。
けれども、ここは自室である。そんなものは一切置いていない。
ともあれ、音を止めなければ。親に怒られてしまう。
手で枕元をまさぐろうとして、身体の自由が奪われていることにも気が付いた。
あまりの音量で頭が割れそうである。親に怒られる前に、気がくるってしまう。
依然として鳴り続けているこれは——機械なんかじゃない。

女が、金切り声を上げているのだ。生命の危機に瀕しない限り出さないような大声で、息継ぎもせず延々と叫び続けている。

荒木君は思い切って目を開けた。今度は、荒木君が悲鳴を上げる番であった。

自分の胸の上に、肘から先だけの真っ黒い腕が二本。

それが這い上がるように、じりじりと顔のほうへ近づいてくる。薄れゆく、意識。

「マジ怖かったんだから。あんなのまた出てきたらたまんねえよ」

水の張られた田んぼに残照が差して、山の向こうへ陽が沈む。

舗装もされていない細いあぜ道を、二台の自転車がひた走る。

突然、荒木君が自転車を止めた。ぎぎぎ、と掠れた音とともにブレーキが掛かる。

道の行く手に、何かいる。

人間のような大きさだが、人間ではない。真っ黒い、塊である。

まるで羽虫がわんわんとたかっているような、おぼろげな輪郭をしている。

目鼻も何もあったものではないのだが、こちらと目が合っていることは分かる。

「おーい、どうしたんだよ。早く行こうぜ」

少し先で止まった織田君が、振り向いて言った。彼には、これが見えていないのだ。

一本道である。左右どこにも曲がることはできない。引き返そうにも道が狭すぎる。足場が狭く自転車を降りることさえままならない。田んぼに落ちてしまう。
目をつぶり、歯を食いしばり、自転車ごと突っ込むことしか荒木君に道はなかった。

身体中が気持ち悪い。目には見えないのに、厭なものがまとわりつく感じがする。
やはりあのとき、突っ込まなければ良かったのか。
自宅に帰り浴室に飛び込んだ荒木君は、シャワーを浴びながら後悔した。
けれども、後の祭りなのである。
大きな舌で全身を舐め回されているような嫌悪感である。
どれだけ身体を擦っても、熱い湯をざぶざぶ浴びても取ることができない。
気のせいだと思いたいが、決して気のせいではないのだ。
何故ならこの密室に、明らかに自分以外の気配がするのである。
肌に触れるか触れないかぐらいの、毛先に質量を知覚するあの感じ。
見回してみても、もちろん誰もいるはずはない。
それなのに、この湯気の帳の向こうに何かがじっと息を潜めている気配がする。
耐えきれなくなった荒木さんは浴室を飛び出した。

慌てて閉めたガラス戸が、内側から叩かれる。

どんどんどんどんどんどんどんどん――！

それを後ろに聞きながら、濡れた身体にシャツを纏って家を飛び出した。


それから、はや二日。とうとう、親から家に帰ってこいと連絡があった。

何日も織田君の家に居候していては迷惑になる、と。それはその通りだ。

けれども、あんなものがいる家にはどうしても帰りたくなかったのだ。

そもそも、電話の向こうが妙に騒がしいのはいったいどうしたことか。

「いったん家に帰って顔見せて、それからまたいらっしゃいな」

織田君のお母さんの好意に、涙が出そうになった。頭を下げて、帰路に就く。

帰宅した荒木君の耳に、早々に騒音が飛び込んでくる。

姉と両親が、喧々囂々《けんけんごうごう》の大喧嘩をしているではないか。電話で聞いた騒がしさの原因は、これだったのである。

理由を聞いて、荒木君も喧嘩に混じることにした。

姉は三日前、事故死した友人の葬儀に行ったのだと。ところが、帰宅した折に塩祓いをしなかった。なるほど。だから。それで。

御来店

緊急事態宣言が明けてもまん延防止措置が終わっても、街は変化なしか。

スナックに勤めるエリナさんは、カウンターの中で溜め息をついた。客が来ないのだ。

有線放送の中だけがクリスマスムードである。何がサイレント・ナイトか。おーおお。

一緒にシフトを組んでいる同僚とも微妙に反りが合わない。

話す言葉が見つからないから、下を向いて携帯電話をいじるフリばかりしている。


不意にうなじのおくれ毛を撫でるような感触が身体に走って、反射的に顔を上げた。

カウンターを挟んだ向こう側に、着物姿の初老の女性が立っている。

オールバックに整えた和髪に化粧をかっちりと決めて、藤模様の黒留め袖に金糸銀糸を織り込んだ帯を締めている。身なりからして、どこかの大ママに違いない。

背筋が伸びる。慌てて携帯電話を仕舞う。何か声を掛けようと思うが、どうも変だ。

ドアに吊したベルは、鳴らなかったはずではないか。幾らベテランと言っても、ドアも開けずに入ってこられる人間はいるまい。

見定めるようなエリナさんの視線を察したのか、大ママの目玉が動く。視線が合う。喧嘩を避ける猫のように、エリナさんはすっと目を逸らす。

一秒、二秒、三秒……。恐る恐る視線を戻すと、そこにはもう誰もいなかった。

やはり、ドアベルは沈黙したままである。

隣を見やれば、同僚は何食わぬ顔でネットニュースを読んでいる。

彼女は仕事をしていても余り周囲に気が回らない。気付かなかったのだ、と思った。

カランカランとベルが揺れて、今度はドアが開いた。

ぎょっとして目を向けると、うちの店のママのお帰りである。

さすがね、やっぱ参列者が多かったわ、などと独り言を言っている。

そういえば、今日はどなたかの通夜に行くと聞いていた気がする。

「今日はお通夜でしたっけ。どなたのですか」何とはなしに訊いてみる。

「シグマの大ママよ」香典返しの袋を開けながら返された。

シグマと言えば、界隈でも一番の老舗に属する高級クラブである。うちのママはシグマの卒業生なのだ。

もしやと思い、その大ママの写真があれば見せてほしいと言ってみた。

ママが、怪訝な顔をしながらも店のホームページを開く。「御挨拶」と書かれたページがあり、そこに表示された画像は、正に先ほど目の前に立っていた女性であった。

エリナさんは思わず息を呑んだ。

「この人……いいえ、こちらの大ママ、先刻店においでになりました」

カラン、と再び扉が開く。今度はお客様である。

またカラン、と扉が開く。久しぶりにお見えになったお客様の顔がある。

結果的に、この日はまれに見る大盛況であった。

「これからもどうぞうちの店を、そしてこの街を守って下さい」

店を上がる際、エリナさんはママとともにそっと手を合わせた。

飲食店の苦難は続く。けれども、何とか生き延びてやろうとエリナさんは思っている。

おう、やってるか

今から三十年近く前、仙川さんが学生時代の話である。
その日も授業が終わるや、仙川さんはいそいそと友人のアパートを訪れた。
じきに、無精髭によれたシャツの、似たようなむさ苦しい男達がやってくる。
そして面子が揃い次第、じゃらじゃらとやり始めるのだ。
バイトへ出る者、上がってきた者。風呂屋へ行く者、食事を済ませて戻ってきた者。
入れ替わり立ち替わり、麻雀を打っていくのである。
暇を持て余していた仙川さんは、雀卓代わりにしたこたつの主であった。

カン。カン。カン。カン。鋭い音がして、牌《パイ》を持つ手の動きが止まる。
何時間打ち続けているやら定かでないが、日付が変わってしばらく経つであろう。
部屋のすぐ外側に設えられた鉄階段を、上がってくる足音が聞こえる。
こんな時間から、いったい誰だろうか。連れの顔を、何人か思い浮かべてみる。
けれども、その後がない。ノブをがちゃがちゃとやって、建て付けの悪いドアをぎいと開け、「おう、やってるか」と入ってくるいつもの流れがない。

あるいは、この階に並んだ他の部屋の住民だったのか。

しかし、この部屋は廊下の西端にある。外階段を上がってきたのであれば、部屋の前にある廊下を通らねばどこにも行くことはできない。

にも拘らず、しんと静まり返り、足音一つしないのが不思議であった。

薄っぺらなコンクリートを打っただけの廊下は、ちょっと歩くだけでも異様に音を反響させるのが常だというのに、である。

もしかして、酔っ払って帰ってきた誰かが、うずくまっているのだろうか。

その辺で吐かれでもしたら面倒だな、どれ、一丁様子を見てきてやるか。

立ち上がろうとした仙川さんであったが、すっとその場に腰を下ろして、こたつ布団に首まで潜り込み、「ちょっと今日はもう止めるわ」と言うや目蓋を閉じてしまった。


——私が座っていた位置からだと、真正面に玄関があるんですよ。でね、玄関ドアの上には明かり取りの小窓がありましてね。そこにね、いたんですよ。ガラスにベタっと両手を付いて、顔を押し付けてこっちを無表情に見つめる五十絡みの中年男が。私、そいつと目が合っちゃったんですよ。そんな後で麻雀なんてできる訳ないですよね。

翌朝。昨夜の記憶冷めやらぬ仙川さんは、件の階段を見に行くことにした。

しかし、ない。廊下の先にあるはずの階段がないのだ。真新しい柵がしてあって、その先はぷっつり途切れて虚空である。モルタルを塗った壁からボルトのようなものが点々と生えてはいるが、肝心の階段が存在しないのである。

では、昨夜聞こえた、階段を上がってくる足音は何だったというのか。

怪訝な顔をして何もない空間を見つめる仙川さんに、友人が声を掛けた。

「それ、不思議だろ。前はさ、鉄の階段があったんだよ。でも、いつの間にか壊されて。今はお前がいつも使ってる東側の階段しかないの。何で壊したんだろうね」

往来

栗原さんが学生時代を過ごした、東北地方某所での出来事である。

「君と違ってそういうの、全然信用してないんだけどさ」

栗原さんがアパートに帰るや否や、彼女がそう切り出した。

「昼間、誰かが私を跨いでいったんだよね。あれ何、お化け？」

片付けの行き届かない家ではあるが、お化けとは剣呑である。

留守番と称して居候を決め込んでいる彼女が、いったい何を見たというのだろうか。

「昼間さ、暇だしごろ寝してるじゃん。あ、そこに積んであった本は邪魔だし除《ど》けたよ？　そしたら、誰かが私を跨いで通っていったの。真っ白い、きめ細かな肌して。あれは絶対に女の子の足。ワンピースなのかな、白い裾をひらひらさせてね」

妙に生々しい説明に栗原さんはどきりとしたが、しかし、この家で二年暮らしても何も出ていないのである。家の周りではあんなに何回も見ているというのに。

――寝ぼけて、見間違えたんじゃないの？　気のせいだよ。

今日はこの言葉を栗原さんが投げかける番であった。

それから、何日経っただろうか。

戦場のような研究室から何とか這い出してきた栗原さんは、脱ぐものもとりあえず床にごろりと寝転がっていたのである。

どん、と脇腹に鈍い痛みを感じて、目が覚めた。彼女には合い鍵を持たせてあるから、いつでも家に来ることができる。しかし、何も蹴飛ばすことはないではないか。

重たい重たい目蓋をこじ開けるようにして、辺りを窺う。

足、である。足が、目の前を右から左へ通り過ぎた。何だ、やはり来ていたのか。

一本、二本。三本、四本。五本、六本。右から左へ、右から左へ。

徹夜明けでふやけきっていた頭が、急速に覚醒していく。

白足袋、雪駄に、紺地に灰色縞模様、仙台平の袴つけ。肉盛り上がり、脛毛の茂る素足。真っ赤な鼻緒に黒塗りの下駄、薄鼠色の小紋がちらつく。草履《ぞうり》、草鞋《わらじ》。二本歯の高下駄。

待て待て待て待て、と思った。この家には自分しかいないはずだ。ましてや、着物姿の人間など。一方通行が如く右から左へ歩いていく彼らは、どこから来てどこへ行くのか。

こうなると調べなければ気が済まないのが、栗原さんの性分なのだ。

疲れ切った身体に鞭打って、やってきたのは知の殿堂、大学図書館である。

手当たり次第に古地図をめくり、川の流れや町割を頼りに自宅の場所を探し出す。

なるほど、そういうことだったのか、と思った。

自分のアパートは、とある神社の参道の真上に建っていたのだ。

明治維新で神域が狭められ、戦後復興や高度成長期の区画整理で道路は付け替えられているが、確かに本来の参道はこの敷地を貫いていたのである。

そういえば――。アパートの裏手の駐車場の、車止めのその奥に。草むらに隠れるように石碑が建っていたことを思い出した。

文字は薄れ苔があばたのように覆っていたが、辛うじて「神社」とは読めたものだ。

いにしえの人々は石碑を目指して集まり、そして神社を目指していたのだろう。界隈は住宅地となって久しいが、石碑がかつての往来を記憶しているのだ。

だから家の中で見たあれは。幽霊などではなく、土地の記憶というものなのだろう。

「じゃあ私が見たのも、ワンピースじゃなくて着物だったのかもなあ」

栗原さんの得意げな解説を聞き終えた彼女が言った。

「でも、真っ白な着物なんてあるのかな。白無垢か、死に装束ぐらいじゃない？　そんなの着て、神社に参拝するかなあ。分かんないけど」

一人じゃない

新幹線と電車を乗り継いで、桜さんははるばる下北沢に降り立った。

息子がこの地で、美容師の修業をしているのである。いずれは自分の店を継がせる気であるが、他人の釜の飯を食う必要があると思い知り合いの店へ送り出したのだ。

ところが、その息子の様子が最近おかしいらしい。遅刻や欠勤が増え、店に出てきても妙な体臭を放ち、態度も粗暴なのだという。


手元の合い鍵を使って部屋に入る。桜さんは愕然とした。

余りに、部屋が汚いのである。あらゆるものが床に散らばり、足の踏み場もない。

男の独り暮らしだからとか、そんな次元ではない。そもそも息子は綺麗好きで、実家に暮らしていたときも自分できちんと掃除をしたし、片付けも整然と行っていたのだ。

散らばる洗濯物を踏みつけながら、奥へと進む。いつから放置されているか分からない食品パックが異臭を放ち、乱雑に髪を切られたカットマネキンがごろりと転がり落ちて、恨めしそうに桜さんを見つめた。

え、いる——。桜さんは立ち止まった。

斜めに差し込むオレンジ色の陽光が、窓辺に積まれたゴミ袋の山々を照らし出す。その稜線をかき乱すように、黒く大きな塊がうずくまっている。

膝を抱えて体育座りをして、ぼさぼさの頭を少しだけ上げてこちらを盗み見る。

やはり、仕事に出ていないというのは本当だったのだ。

桜さんはしかし、そこにいるのが自分の息子だとはにわかに信じ難かった。

頬は痩せこけ無精髭にまみれ、窪んだ眼窩《がんか》に嵌まった目には彩りがない。

手に職を付ける夢を語り、意気揚々と上京したあの頃の面影はどこにもなかった。


「この家さ、『出る』んだよ」事情を訊ねた桜さんに、彼はそう打ち明けた。

——始まりは、二カ月ぐらい前かな。店の大掃除があって、帰宅が遅くなったんだ。ドアを開けて、玄関の電気を点けて。この家は狭いから、奥の部屋まで見渡せるんだ。部屋の真ん中に子供がいたんだ。幼稚園児ぐらいの。よれたTシャツを着て、体育座りをして。俯いているから、顔は見えなかったけど。

えっ、て思わず声を出したら、すうっと消えたんだ。

酒を飲んでた訳じゃない。あれは見間違いだったと思うことにした。でも。

あの日から、家の中に変なのが出てくるようになったんだ。

いや、もしかしたらもっと前から現れていて、気付いていなかっただけかもしれない。

寝てる布団の周りを、何かがぐるぐる回るんだ。

真っ暗だから分からないけど、猫みたいな、四つ足の何かが。でもあれは猫じゃない。

もっと臭い、動物園のような匂いがするから。

そうかと思うと、枕元におっさんが座るんだよ。

おまけに寝てる俺の耳元まで顔を近づけてきて、ひたすら何事か怒鳴り続けるんだ。

これはきついよ。一度出ると、朝まで絶対に帰らないから。

気持ち悪さでいうと、あの女かな。たまに壁から這い出してくるんだよ。

寝てる俺の上に覆い被さってきて、長い髪を俺の顔に垂らすんだ。

腕も突かずにどこで身体を支えてるのか分からないけど、やっぱ浮いてるのかな。

でも出てくるたびに「見えてるんでしょ」って言われるのは嫌だよ。

しかもこいつ、彼女の家にも出てくるんだ。せっかく付き合うことになったのに、毎回こいつが出てくるもんだから早々にフラれちゃったよ。

こんな調子で、家に現れる怪異のことをとうとうと語り続けるのだ。

桜さんは幽霊など信じていない。

しかし息子がこんな類の嘘をつくとは到底思えなかったし、何よりこの見た目である。彼の身によからぬことが起きているのは事実だと思った。

でも。桜さんは一つの疑問を口にした。

そんなに怖い思いをしているなら、何故引っ越さないのか。

キャリーケース一つで上京した身である。どこにでも移ることができるではないか。

「そりゃ、最初はすぐに引っ越さないと、と思ったよ。だけどいざ行動しようとすると、気力が湧かないというか、何もする気が起きなくなるんだ。引っ越すなんて無理だ」

それにさ。こちらをじっと見つめて言葉を継いだ。

「一人じゃないって、いいじゃん」

窓の外が幕を引いたように暗くなり、息子の輪郭が澱んだ空気に溶け込んでいく。

ああ、これはダメだ、早く連れ出さないと命を取られてしまう、と桜さんは思った。

嫌がる息子の腕を無理やり引き、その日のうちに実家に連れ戻したのである。

今、彼は実家で桜さんとともに暮らしているのだという。

ならひと安心ですね、と言った私に、「そうでもないの」と桜さんは返した。

――この間、久しぶりに一家全員で食事をしたのよ。下の子が彼女を連れて来てたし。その子がね、帰り際こんなことを言ったの。

「お義兄さんが怖いんです。話をしていても目が合わないし、身体が二重に見えると言うか、言葉と口の動きが全然合ってないことがあるんです。お祓いしたほうがいいですよ」

桜さんによれば、今もその部屋は下北沢にあるらしい。

人だけが通れる狭い路地を抜けた先、丁字路の突き当たりに建つ、木造アパートの二階であるという。

白樺林のホテルにて

え、何なのよここ。典子さんは独り言《ご》ちた。
先ほどまで満喫していた旅の楽しさが、雲散霧消した瞬間であった。

一面に広がる白樺の木が、どこか日本離れした明るい森を描く観光地であったという。宿も、若い女性に人気のデラックスなホテルが設定されていると聞いていたのだ。

それなのに。ツアーコンダクターの旗に導かれてバスから降りた典子さんは、手にしたボストンバッグを危うく取り落とすところであった。

瀟洒《しょうしゃ》な五階建ての建物全体に、どこから湧き出したのか真っ黒い靄が掛かっている。

ああ、ここは出るホテルなのね、とすぐに分かった。

ここから見る限り、原因がどの部屋にあるかは分からない。後は、それが自分の部屋でないことを祈るしかない。

ホテルまで白樺みたいな色してるのね、おしゃれね、とはしゃぐ参加者をよそに、典子さんは一人そそくさと鍵を受け取ってエレベーターに飛び乗った。

館内も、他の人が見ればきっと洒落ているのだろう。

しかし典子さんの目に映る廊下は、電灯に暈《かさ》が掛かるように靄がまとわりついていた。

エレベーターは棺桶が如く、暗く狭く、うすら寒い箱でしかなかった。

逃げ込むようにして客室へ足を踏み入れた典子さんであったが、その瞬間から胃を刺すような吐き気が止まらない。こめかみ辺りの血管がどくどくと脈打って、頭痛がする。

典子さんに何か持病がある訳ではない。よりによって大当たりを引いてしまったのだ。

壁に手をつきながら、ふらつく足でベッドサイドへ辿り着く。全身の震えが止まらず、歯の根が合わない。定まらぬ指で、四苦八苦しつつ実家の電話番号を押す。

こういうときに頼れるのは、母しかいないのだ。

「あんた、またえらいところにいるね。線香持っていってないの」

開口一番、母が言った。しかし旅の荷物に線香を詰める者など、そういないだろう。

「なら、寝るときに煙草に火を点けときな。枕元に、水入れたコップも」

それなら、何とかなりそうであった。

名物の温泉も、豪華なディナーもこの際どうでも良かった。

ガラスの灰皿に火を灯した煙草を載せた。コップに水を汲んだついでにひと口飲もうとしたが、唇が触れた瞬間にげえげえとえずいて無理だった。

典子さんはコップをサイドテーブルに置くと、倒れ込むようにベッドへ横になった。

それから、何時間経ったろうか。あまりの息苦しさに、典子さんは意識を取り戻した。何かががっちりと首に巻き付いている感触がある。喉元を左右から押さえつけるようにずんずんと力が加わって、肺に送られる空気が乏しくなっていく。

ぐぐ、とも、ううう、とも付かない声が、幾つも重なって部屋の中に響いている。

振り払って逃げ出したい思いに駆られるが、自分の声帯はもはや潰されかけているし、四肢は戸板に打ちつけられたようになって身じろぎ一つ取ることができない。

自分の身に何が起きているのか。目を開けて見てやろうという気にすらならなかった。

閉じた目蓋の裏に、絵面が浮かぶ。ベッドの脇から隆々とした腕が何本も伸びてきては、宙を掴むようにもがき、しかし叶わず、その憎しみを典子さんへぶつけんばかりに身体に取りつくのである。

血中の酸素がいよいよ足りなくなってきたのか、もはや痛みも苦しみも薄れてきた。

蝋燭《ろうそく》の明かりが消えるように、だんだん意識が薄れていく。

後日。週刊誌を開いた典子さんは、小さく声を上げた。

〈現役添乗員が語る！　本当にあった恐怖体験〉という記事。そこに載っていた写真は、モザイクこそ掛かっていたが正にあのホテルであった。

増築工事中に作業員が何人も亡くなる事故があり、以来館内のあちこちに幽霊が現れ、特に事故が起きたエレベーターシャフト脇の部屋には必ず出るので泊まりたくないのだ、という体験者の証言で文章は結ばれていた。

典子さんはあの日のことを思い出した。あの棺桶のようなエレベーターから降りた後、震えながら飛び込んだのはすぐ隣の部屋だったではないか。ベッドに寝転んだ自分の頭のすぐ向こう、あの腕が出てきた壁は、エレベーターシャフトに面していたのではないか。

以来、どこへ旅行するにも壁際で寝るのが怖い。そして、数珠と塩と線香を肌身離さず持っているのだと典子さんは語った。

カマキリ

薄暗い堂宇の中央に、深紅の炎が上がる。

護摩壇の向こうに坐《ましま》す不動明王像には生気さえ感じられ、矢田さんは背筋を伸ばした。

ちりりん、という金剛鈴の清浄な音に続いて、貫主の読経が朗々と響く。

と、視界の隅に厭なものを見つけて、矢田さんは思わず顔を顰《しか》めた。

陣の内外を区切る柵のすぐ手前に座る参拝客の様子がおかしいのだ。

祈祷中であるからして、ほとんどの参拝客は頭を垂れるか、合掌しているものだ。

そんな中で一人、吽々《うんうん》と気合いを入れながら指をあれやこれやと組み続けているのだ。

ゆらめく炎が濃淡の翳《かげ》を生み出して、こちらから素性は窺えない。けれども傍目に見ても、何かしらの印を結んでいることは明らかであった。

ここは密教寺院である。師資相承により、限られた者が限られた道具と言葉を以て修法を行うことで、初めて意味を成すものである。

素人が生兵法で印を結ぶなど増上慢以外の何物でもない、と思ったのである。

しかし、わざわざ声を掛けて注意するのも癪《しゃく》に障る。己が煩悩とともにつまらぬ嫌悪心も燃やしてしまおうと、護摩供の炎を見つめ直す以外にできることはなかった。

さて、その夜のことである。

布団で休んでいた矢田さんは、寝室の襖が半開きになっていることに気が付いた。額縁に仕切られたような暗闇の中から、何かが寝室を覗く気配がする。

目が合った訳でも、声が聞こえた訳でもない。けれども、女だ、と思った。

——思った瞬間、それは枕元にいた。

雲の切れ間から差し込む月光が、スポットライトのように照らし出す。

皮膚の色こそ人間のそれであるが、左右へ大きく開いた四肢を地に着けて這いつくばる様子はあたかも昆虫のようであった。

ざりざり、がさがさと畳の上を擦りながら、布団の周囲をぐるぐる回っている。

幸い、身体の自由は利く。隣で寝ている、友人の小金井さんを起こそうと思った。

あれが足許へ行った。ねえ小金井、小金井ってば。布団から手を伸ばす。

すうすうと軽やかな寝息だけが聞こえてくる。ねえ小金井ってば、と首を向けたのだ。

——それが、こちらを覗き込んでいた。

目鼻も何もない、つるんとしたゆで卵のような顔が、矢田さんの眼前にあった。

何かの器官で獲物を品定めするかのように、首を微かにこきこきと揺らしている。

こいつ、何だかカマキリみたいな奴だな、と思った。

顔すらないカマキリ女のくせに、しかし髪だけは一人前に生えていて、真ん中で分けた長い黒髪が揺れて、毛先がちらちらと矢田さんの頬に触れた。

——顔が、ぬぬぬ、と近づいてくる。

「視るなよ」

口もないくせに、そんなことを言った。そして、すうっと消えた。

翌朝。のそのそと起きてきた小金井さんに、矢田さんは昨夜の出来事を話した。

「お護摩のときに、あんたの見咎めるような視線が分かってたのよ。挑戦された、とでも思ったんじゃない？　まあ、逆恨みよね」

事もなげに、小金井さんがさらりと言った。

あんなものが出てきて一瞬でも怖いと思ってしまったことに腹が立ち、結果として外法を我が家で成就させてしまったことにも腹が立ち、とにかく色んなことに腹が立った一日であった、と矢田さんは今でもぷりぷりしている。

もう一人

「あれ、弘至さんが一緒だったのではありませぬか」

明衣子さんが社務所に顔を出すなり、宮司の顔色が変わった。

三十分ほど前、明衣子さんは宮司に電話を掛けたばかりだったのである。

前に頼まれたものを、これからそちらへ持って行くから、と。

このとき、確かに明衣子さんは一人きりであった。息子の弘至さんは仕事に出ていたし、開店前の自分の店から掛けていたので周囲は無人である。

「電話の後ろでずっと弘至さんの笑い声がしていましたが。本当にあなた一人でしたか」

宮司が何度も念を押す。明衣子さんも、必死に否定する。というのも、明衣子さんには思い当たる節がなくはなかったからである。先日、自宅向かいのアパートに住む青年が、自殺したばかりであったのだ。特段親しかった訳でもないが、顔を合わせば挨拶する間柄であった。弘至さんと歳が近かったこともあり、世間話程度は何度もした。

そしてその日以来、明衣子さんはずっと左肩が重たかった。

「自殺したその若者かは分かりませぬが、亡くなった方が憑いておりますな。明衣子さんがいつも楽しそうに暮らしておられるから、離れたくない様子です。御自分は声が出ないから、弘至さんの声を借りて笑っていたのでしょう」

明衣子さんは背筋がすっと冷たくなった。確かに近所の噂では、彼は首を吊って死んだことになっている。なるほど首を括れば、声も出まい。それにしても——。

私は飲食店も経営して日々楽しく暮らすように心がけてはいるが、やっぱり赤の他人に取り憑かれるのはおっかなくて嫌だ。

前みたいに祓って下さいよ、と明衣子さんは泣きそうな声で頼み込んだ。

明衣子さんは昔から憑かれやすい体質なのである。以前も、事故死した他人さんを肩に乗せていたことがあったし、知人の生霊を背負っていたこともあった。そのたびに、宮司にお世話になっていたのだ。

「いや、今回は祓わぬほうがいいですな」

神妙な顔をして宮司が言う。

「すぐ脇に後釜が控えております。それが入ると、あなたの家に香典を持って行くことになりかねない」

故に明衣子さんは今日も、肩に一人くっつけた状態で暮らしている。

リカちゃん

「白石先生、こういうのお詳しいんでしょう。どうしたらいいんですか」

今にも泣き出しそうな顔をした角田さんが、縋りつくように話し掛けてきた。

お祓いに行ったほうがいいんですよね、でもどこの神社に行ったらいいんでしょう、もし祓えなかったときには私どうしたらいいんでしょうか。

矢継ぎ早に質問が繰り出される。

けれども、白石さんは霊能力者の先生ではない。音楽教室の先生なのである。角田さんも同じ市内で教室を開いていて、それゆえ時折こうして話をする。

ただし、白石さんが角田さんと違うのは、いわゆる「視える人」という点であった。

視えるからと言ってお祓いができる訳ではないのだが、何故かこの手の話は白石さんの元へ持ち込まれることが多かった。今日も繰り返される、嘆息。

ともあれ、角田さんを座らせ、お茶を飲ませ、宥《なだ》め、賺《すか》して事情を訊く。

——私の教室、変なんです。何か、いるんです。

〈ドレミファソラファ……〉ホワイトボードに楽譜を書いて弾き方を説明していると、誰もキーボードに触っていないはずなのにその通りに音が鳴るんです。

怖い気持ちを隠して、みんなのほうを向いて「手はお膝の上だよ?」って言うでしょう?

今度は〈ミ・レ・ド〉ってその続きが聞こえるんです。早く早くと催促するみたいに。

みんなはこっちに目を向けていて、鍵盤の上に手が乗っていないのは確かなんです。

別の日には、足音がしたこともありました。パイプ椅子をぐるっと円形に並べて、その真ん中で私が話をしているでしょう? そうすると、パタパタパタ、パタパタパタって、フローリングを踏み鳴らすような音がするんです。

しかもその音がぐるぐる教室中を移動して、楽しそうにっていうのも変なんですけど、ああ走り回ってるんだな、って分かるんです。

子供と一緒にレッスンを受けてた保護者の中には気付いちゃってる人もいて、変な物音がするたびに顔が引き攣《つ》ってるんです。子供は無邪気でいいんですけどね……。

ぐす、ぐすと角田さんの声が湿っぽい。気の毒なことではあるが、しかしそんなに悲観するほどのことでもないなと白石さんは思った。

「角田さんのお教室に、病気か何かでずっと休んでる子がいません?」

訊いてみれば、やはり入院して音楽教室を長らく休んでいる子がいるらしい。

その子――リカちゃんと言う、幼稚園児の女の子――が入院した時期と、教室に異変が起き始めた時期も符合しているというではないか。

白石さんは少し考えて、辺りを見回してからこうアドバイスをした。

「もしまたお教室でそんなことがあったら、優しくこう声を掛けてあげてね」

――リカちゃん、ゆっくり休んで、身体がよくなってからお教室に来てね。

忘れられていない、私のことを分かってもらえている、と思ったら来なくなるはずよ。

「でも、誰もいない場所に向かって話し掛けてたら、変な人だと思われそうですね」

涙を拭いながら、くすっと笑って角田さんは言った。少しは元気が出てきたようだ。


結果として、それきり不思議な出来事は起こらず教室の安寧秩序は保たれ、加えて角田さんが変な人だと思われることもなく事態は解決したらしい。

報告に来た角田さんに、白石さんはにっこり笑って頷いた。やっぱりね、と。

いったいどういうことです、と訊ねられて、こう答えたのであった。

「前にあなたが相談に来たときにね、横で聞いてたからね、リカちゃん」

首を傾げる角田さんに、分かってないなぁと苦笑いしつつ言葉を重ねる。

「リカちゃんは教室に憑いてたんじゃなくて、あなたに憑いてたってことですよ」

リカちゃんはその後、退院して無事に教室へ戻ってきたらしい。

「お休みしてたけど、レッスンは毎週ちゃんと行ってたよ」

こう話しているのだという。

信じる／信じない

普段私は、幽霊なんて信じてないんですけど。ツヨシさんが言った。

——おまけに誰も信じてくれないし、毎度笑い飛ばされるような話なんですけど、それでも本当に聞きます、この話？


今の家は、最近住み始めたんですけど。一つ前に住んでたアパートでの出来事です。

夜中、たまたまテレビを点けたら、ドキュメンタリー番組をやってたんですよ。

辛気臭いの苦手だから、いつもならチャンネル回しちゃうんですけどね。何故か、このときはしっかり見入ってしまって。

生まれつき難病を持った女性が出てきました。身体が不自由な中でも勉強して、仕事も頑張って、でも最終的には病魔に勝てず亡くなる。こんな内容でした。

何かね、思わずもらい泣きしちゃって。

可哀想になぁ、なんて一人でテレビに向かって呟いたのを覚えてますよ。

床に就いてどのぐらい経ったか、異様な寝苦しさで目が覚めました。

じっとりと背中に汗かいてね。この嫌な感じは何だろう、と思いました。
それで、ベッドに寝転がったまま辺りを見渡したんですよ。そしたら。
枕元に立ってるんです。誰がって、テレビに出てた難病の女性がですよ。
青いストライプのパジャマに、白いニット帽を被って。
生前最後の姿として放送されてた、そのままの彼女がそこに立ってるんです。
もちろん、寝ぼけて何かと見間違えてるんだと思いましたよ。
だからいったん布団を被って、十数えてからめくってみたんです。
まだ、そこに立ってました。私と目が合いました。
私、怖くなりましてね、「わーっ」って叫んだんです。でも、そのままなんです。
じいっと、ものも言わずこちらを見つめたまま、ただそこに立ってるんです。
結局、布団を頭から被って、そのまま朝まで震えながら過ごしました。

ね、怪談作家さんでもこんな話は信用しないでしょう、と彼は言った。
いいえ、ツヨシさんが体験されたと仰るのであれば、それをそのまま事実として記録するのが務めですから、と私は答えた。

実はね、この一回だけじゃないんですよ。

別の番組で、飲酒運転の犠牲になった方を取り上げていましてね。

酷い話だな……と思ったら、今度はその方が出てきたんですよ。

そのときは、映像の中で仏壇に飾られていた写真と同じ格好をしていました。

こんなことって、あるんですかね。私、もう怖くてテレビ見られないんですよ。

先だって言った通り、家も引っ越しましてね、でもまた出てくるかもしれないじゃないですか。だから二十四時間、部屋の電気も点けっぱなしなんですよ。

ねえ、こんな話、本にしたところで本当に皆さん信じてくれますかねえ？

想像してごらん

想像してみてほしい。

あなたは日比谷で用事を済ませた帰り道なのである。

山手線に乗るべく新橋駅へとやってきたあなたは、ＳＬ広場に立っている。

建ち並ぶ雑居ビルと、煉瓦製アーチの土台に乗ったＣ11型蒸気機関車。

サラリーマン、大学生、業界人、有閑マダム、その他大勢が行き交う空間の向こうに、
改札口への入り口がぽっかり口を開けているのだが――あなたの行き足がすっと止まる。

喧騒に向き合って、佇む女が一人。

佇む女なら、ごまんといるだろう。だが、通路のど真ん中に仁王立ちする女はどうか。

寝巻きのような、真っ白な服をだらりと着ている女はどうか。

小首を傾げ、あらぬ一点を見つめる女はどうか。

ああ、目が合ってしまった。生気が全く感じられぬ、側溝の溜まり水が如く濁った目。

これは、すぐに逃げねばなるまい。さもないと、さもないと。

そう思ったあなたは、広場を迂回して駅の反対側へ向かうことを決意する。

高さ制限を記したゼブラ模様のゲートを横目に、緑色の鉄骨が支えるガードを潜る。
地獄の大臼のような音をごろごろと立て、ひっきりなしに電車が通る。
バスにトラック、タクシー、商用車の途切れないエンジン音にクラクション。
下水の匂いと、排気ガスの匂いが入り混じった澱んだ空気。
その向こうから、ブレザーを着た女子高生がやってくるのが目に入る。
友人同士なのだろう、二人横に並んでお喋りに興じている。
高架下の歩道は放置自転車が列をなし、このままではすれ違うことも叶わない。
あなたは柱の陰に寄り、やり過ごそうとするのだ。
学校名が入ったバッグが肩をかすめ、柑橘を思わせる整髪料の香りが鼻をくすぐる。
「大丈夫、あなたじゃないから」
瞬間、すうっと周りの音が小さくなって、声がはっきりと浮き彫りになる。
強い意志を込めたような、しっとりとした大人の女のそれである。
慌てて振り返っても、何が楽しいのかギャハハハと笑う女子高生の姿があるばかり。
何が大丈夫なのか。誰を探していたのか。もし見つけたらどうするつもりなのか。
それは誰にも分からない。それを知ろうとも思わない。
けれども、新井さんは確かに体験してしまったのである。

街と角髪《みずら》

詳しい場所は伏すが、舞台は関東某所である。

古社を中心に四方へ街道が伸び、今も幹線道路や鉄道の結節点として栄える街である。

矢田さんはその日、駅前にオープンしたばかりの商業施設を覗きに行ったのである。家電量販店からアパレルショップ、ホームセンターまで入る物珍しさに目を輝かせつつうろうろしていたのだが、途中で足に違和感を覚えたのだという。

見れば踵《かかと》の皮がずるりと剥けて血が滲んでいる。靴擦れだ。

さんざん履き潰した靴なのにとも思ったが、ともあれこれでは買い物どころではない。靴下の専門店に飛び込んで、夏だと言うのに厚手のものに履き替えた。

そうこうしているうちにも右足の指が攣り、左足の指が攣る。

痛いというよりも、膝から下の感覚が麻痺している。これでは歩くのも覚束《おぼつか》ない。

あちらのベンチで一休み、こちらのベンチで一休みして、這々《ほうほう》の体で帰宅した。

壁に手を突き床に膝突きソファに倒れ込んで、靴下を脱いで驚いた。

肌はうっすらと桜色で、実に血色がよい。
てっきり冷房に冷やされて血行不良を起こしたと思っていたので、意外であった。
しかしふくらはぎは鉛を仕込んだように重く、先ほどから寒気が止まらないのだ。
足にマッサージ器を当てても、手のひらで擦ってもどうにもならない。
矢田さんはむすっと頬を膨らませると、レッグウォーマーを取り出した。
同居する小金井さんが呆れた視線を寄越したが、背に腹は代えられない。

仕事を終えて床に就いているから、深夜二時は回っていただろう。
ふと、目が覚めた。視線を感じたのだ。
顔を向けると、自分を見下ろす男の姿があった。
髭を蓄え厳めしい顔つきをしているが、背丈が子供ほどしかない。
麻を織ったような、白く簡素な衣を纏っている。
髪は頭の中央から左右に分けて、耳たぶを隠すように輪を作り8の字型に結っていた。
これが角髪と呼ばれる髪型であることを、矢田さんは好きな漫画のお陰で知っている。
上代と呼ばれる、かなり古い時代のものであることも。
男は怒っているのかそれとも苦しいのか、眉間に皺寄せ口をひん曲げこう言った。

——吾は呪詛の贄となったのである。
——この地から余所者を悉く追い落とさんがための呪詛である。
——両の膝を太刀で切り落とし、生きたままに地へ埋められ、
ハッとして視線を落とすと、確かに男の両足は途中で絶えていた。
背丈が低いのではない、呪詛を掛けるために誰かの手で短くされていたのだ。
——今も呪詛はこうして残っておるぞ。
吐き捨てるようにそれだけ言うと、すっと消えてしまった。

翌朝になっても、相も変わらず足がだるい。立ち上がるのすら億劫《おっくう》だ。

その後調子はどう、と小金井さんが訊ねるものだから、昨夜見たものの話をした。

「いや、その話は理屈がおかしいんだけど」

言い終えるや否や、即座に説を否定された。いったいどういうことなのか。

「すぐそばにあるあの神社、いつの創建か知ってるでしょう。上代の呪詛か何か知らないけど、この辺はそれ以降も時代時代の舞台になって発展してきてるじゃん。ほんとに呪詛が効いてるなら今頃は野っぱらよ。大体、余所者だらけ何十万人住んでるのよ」

なるほど言われてみれば、その通りなのかもしれない。

「あんたがくだらない呪詛を真に受けるから、こっちまで足が痛いわ。お祓いに行くよ」

そう言って、矢田さんを無理やり神社へ連れ出したのであった。

効果あってか、以降、足が痛くなることはない。

あの商業施設には何度も行っているが、角髪の男も現れることはない。

男の言う呪詛とやらが本当にあるのか否かは定かでないが、ともあれ、関東屈指の古社を擁する、とある街での出来事である。

淡州奇譚

幼き日の広野さんが、今は亡き曾祖母から聞かされた話の一つである。

時は大正十年、兵庫県は淡路島。紡績会社が今も残る煉瓦造の大工場を完成させ、翌年には初めて汽車が開通する、そんな時代の出来事である。


当時まだ若かった曾祖母——鶴さん——は「拝み屋」のような仕事をしていたという。と言ってもさほど大層な依頼などなく、村人の失せ物探しや、人生相談に応じるような牧歌的なものであったらしい。

自宅の、幼い我が子の遊ぶ部屋の一角に神棚を設え、祝詞《のりと》を上げて天啓を得るのだ。

あるとき。近所に住まう一人の女性が鶴さんの元を訪れた。名を仮に松さんとする。

「数日前から頭が割れるように痛いんです。否、身体のあちこちが調子悪くて」

いつもと打って変わった、青白く陰鬱な表情で松さんは語った。

すわ一大事、早速、鶴さんは所定の所作を取る。

——なるほど、これは誰かが呪詛を掛けている。藁人形を使って、いわゆる丑の刻参りという奴であろう。

しかし、鶴さんは呪詛返しをしなかった。それが技術的な理由によるものか、はたまた信念によるものなのかは今となっては知る由もない。

ともあれ、そうなると残された手段はただ一つである。

呪詛の現場を目撃し、かかる外法を不成就に持ち込むのである。


草木も眠る丑三つ時とは言うが、当時の夜は今よりもっと濃密であった。

木の根が這い石の湧き出す細道に、着物に草履の女が二人。

手に携えた提灯の半径一尺ばかりの明かりを頼りに、手と手を繋いで覚束ない足取りで、そろりそろりと歩いていく。

川のほとりのお社に、畑の裏手のお寺。しかし、呪詛の現場は見つからない。

翌日も、その翌日も空振りであった。


その日。いよいよ後がないことを鶴さんは悟った。

丑の刻参りは七日で結願するというが、今日が何日目かは分からない。

けれども、玄関先に立つ松さんは、見るからにやつれ果てていた。

頬はこけ、肌は土気色、髪は艶をなくし立っているのも精一杯という体である。何としても決着を付けねばならぬ。腕を取り支えるように二人は発った。

足を運んだは村外れに建つ社である。丘の上にひっそりと佇み、村人さえも日頃は余り立ち入らない。

ぬらぬらと苔むした石段を、一段一段踏みしめながら登っていく。

風に乗って分厚い雲がするすると動く。木立が二人を急き立てるようにざわめく。

ようやく拝殿近くまで登り詰めた鶴さんが、何事か発しようとした松さんの口を慌てて塞いだ。

何か、ある。さほど広くない境内のその中心に、夜より一段と黒いものがある。

雲が途切れて、さあっと月光が射し込んだ。

牛、であった。巨大な黒い雄牛が、そこに横たわっているのであった。

島にも牛を飼っている家はあるが、その何倍もの大きさである。

頭の先から尾までいったい何尺あるか見当も付かないが、浜で漁師が漕ぐ伝馬船よりも大きいだろう。隆々とした胴の背骨は軒に届くほど高く、角は一抱えほどもある。

〈何故、こんなところに物の怪が――〉

全く予期せぬ遭遇に唖然とする鶴さんの袖を引く者がある。

脇に控えた松さんが、枯れ枝のようになった腕を振るわせて指し示すほうを見ると。

女、である。白装束を纏い、頭に被った鉄輪《かなわ》には蝋燭が三本。カラリコロリと高下駄を履いて、その手には。

「ちょっとあんた！」鶴さんの声が境内に響いた。

人間は驚くとこんな表情ができるのかと思うほどに、目を見開き口をあんぐりとさせ、裾をたくって踵を返して女が逃げていく。

気付いたときには、牛の姿は雲散霧消していた。


「逃げていく女の顔に、松さんは心当たりがあったようです」と広野さんは語る。

翌日鶴さんを伴って家へ行くと、髪を振り乱し泣き喚き土下座して女は詫びたという。

「丑の刻参りの最終日には牛の化け物が現れる。乗り越えて帰ることで呪いは成就する」という伝承は確かに存在しており、鳥山石燕や葛飾北斎も描いている。

しかし、それはあくまで伝承の上のことと私は思っていた。

昔語りの中とはいえ目撃譚が存在するのは珍しく、よってここに記録する次第である。

呪詛と復讐

（筆者注）本稿では、体験談提供時に取り交わした条件に基づき、虐待行為の描写が文中に含まれている。嫌悪感を覚える方は次話、一六三ページまで読み飛ばしていただきたい。


別に怖い話ではないと私は思ってるんですけど、この話、聞きます？

全然、本にしてもらっても構いませんけど、その代わり、私が実の親に何をされてきたか、全部きちんと書いて下さいね。それが、本にする条件です。

私の家は、いわゆる、機能不全家族という奴でした。

表向きはそれなりだったと思うんです。大手商社に勤める父と、専業主婦の母と。

その間に生まれ一人っ子として育った私は、普通なら恵まれた環境で育ったはずです。

けれども、私が物心付いたときには、既に母は壊れていました。

思えば母は、コンプレックスの塊だったのです。

地方都市で生まれた母は、実家の貧しさ故に大学への進学を諦めて、高校を卒業すると親類の伝手《つて》を頼って縁故で大手商社へ就職しました。

当時のことですから、一般職の女性はほぼ全員が縁故採用でした。

おまけに大手企業ですから、取引先企業の役員や、議員や、その他いわゆる地方の名士とされる家々の子女ばかりです。

母自身も縁故採用とはいえ、取り立てて家柄が良い訳でも、資産がある訳でもないですから、どうしても下に見られ、時にはいじめられることもあったのでしょう。

母の異様なまでの「他人と比較する」「負けてはならない」という執着は、このときに形成されたのだと私は思っています。

さて、母と父とは社内で知り合い、結婚しました。その源泉に多少なりとも愛があったとは信じたいですが、実際は父の家柄や収入、もっと言えば「同僚よりも『良い条件で』結婚したい」という思いの結実であったに違いありません。

そんな結婚生活が、うまくいくはずはありませんよね。

私がこの世に生を受けた時点で父は海外勤務を始めていて、我が家は母娘二人でした。

夫を愛することができない、夫から愛を得られない母は、今度は周囲の家庭と自分の家庭を、そして自分の分身たる娘をも周囲との比較の材料にします。

同じ会社の何とかさんの子供がここの幼稚園なら、負けないようにあちらの幼稚園へ。

ここの子供があのブランドの服を着ているなら、負けないようにこのブランドを。

そうして、何不自由ない、「商社マンの奥様」「良妻賢母」を演じようとしたのです。

けれども、こと子供に関して、親のコントロールが効く時間はそう長くはありません。

学校の成績という、子供本人の能力による差異が露わになってしまうのです。

残念なことに、私は要領がいいほうではありませんでした。地頭も良くありません。

その結果もたらされた学校内でのポジションは、推して知るべしでした。

ましてや母の見栄で放り込んだ私立小学校は、大手商社マンすら霞むような良家の子女がたくさんいます。成績も、家も、「負けていた」のです。

それが、母には心底耐えられなかったのでしょう。


テストで満点を取れないと、服を脱がされ、背中を定規で血が出るまで叩かれました。

毎日毎日、母が監視する中で、膨大な量の問題集をやらされます。

母はいつも解答集を片手に私のペン先を見ていて、私が選択肢を間違うたびに、赤ペンで手の甲を突き刺しました。

こんなものも分からないのか、とペンがバキバキに折れるまで突き刺しました。

母が決めた時間内にページをこなさないと、やかんの熱湯をぶっかけられます。調理中のフライパンを押し付けられたときには、腕の皮がずるずるに剥けました。

そうして作られた料理は、これまた母が定めた一定の時間内に食べきらないと、全て床にぶちまけられます。捨てようとすると人が作ったものを無駄にするのかと言われ、かと言って拾おうとすると食い意地が張っていると言われて、頭を踏みつけられ、頬に飯粒がべったりとつきました。

最初から茶碗や皿に盛られず、土間に放り投げられ、食えと言われたこともあります。そうまでして出された食事でも、ごちそうさまでしたと三つ指をついて礼を言い、自分で食器を洗わねばなりません。食器を洗うのが遅いと、今度は髪をひっつかんで床に押し倒され、このグズと言って首を絞められます。

ともかく、行動原理の全てが「お前がこうだと私があいつにナメられる」でした。「あいつ」というのは、父や自身の身内であったり、あるいは友人であったりしました。ともかくあらゆるものを比較して勝った気にならないと――優勝劣敗が明確に付くものでなくとも、母自身が「勝った」と思えないと――収まらないのです。

習熟度コースで一番上のコースにならなかったときは、公道で土下座させられました。自分はすたすた歩くくせに、謝る相手の目を見て土下座するのが筋だと言います。

ですから私は、母の先回りをして土下座をし、その横を母が通り過ぎては立ち上がり、また母の先回りをして土下座をし、を繰り返しました。通行人の奇異な目が刺さります。

勉強中に居眠りすると、目蓋に虫刺されの薬を塗られて、刺激で逆に目が開きません。そういえば、目覚ましと称して、砂糖の壺で膝を殴られ続けたこともありました。何週間も紫に変色した足を引きずっていましたが、よく後遺症が残らなかったものです。

そんな毎日ですから、私の顔にも身体にも、いつも生傷が絶えませんでした。

口さがない級友からは陰でお化けと言われ、教師の中には虐待を疑う者もいないことはなかったのですが、彼ら彼女らに本当のことを言えるはずがありません。

外面だけは良い人でしたから、疑いを持った教師が面談の機会を設けて訊ねてもうまく躱《かわ》しましたし、それでも追及してくる場合には訴訟をちらつかせて引き下がらせることも母は厭いませんでした。

何より、真実を伝えたことが母にバレれば、どんな仕打ちを食らうか分かりません。

私は本来被害者であるはずなのに、何故かひたすら加害者を弁護し続けたのです。


そんな生活にようやく転機が訪れたのは、私が大学に進学した頃でした。

何とか学校推薦を勝ち取って大学生になった私は、母からすれば「自分が成りたくても成れなかった大学生」になったのです。多少は世間に通りが良い大学に進学したことも、母の薄汚れた自尊心を満たしたことでしょう。

そのせいか、それまで一切化粧もさせず、下着から服から全て自分が選んでいたものを着させていた母が、急に「年頃の女の子らしい格好」を私にさせようとしてきたのです。

本当に吐き気がしました。吐き気だけではありません。殺そうと思いました。

けれども、ただ殺してしまってはつまらないのです。自身が刑務所に入るのは全く構いませんが、これまで十数年間の人生をずたずたにされた恨みを一瞬で晴らしてしまうのはもったいないと思ったのです。

国文学を専攻していた私は、古典文学に時折現れる「呪詛」に着目しました。

呪いだなんて、と人は笑うかもしれませんが、あれだけあちこちの典籍に記されているということは、きちんと作法に則《のっと》って行えば何らかの効果は得られると確信したのです。

友人の作り方も知らず、ずっと大学図書館で過ごしていた私は、資料を漁りました。

ちょうどその頃、長い間海外勤務をしていた父が帰国しました。権力闘争に負け、国内の子会社に転籍させられるという形での帰国でした。

私は、呪い殺すならまずは父だ、と思いました。私が虐待されて苦しんでいるときに、仕事を言い訳にして家庭を全く顧みず、たまに帰国したときに血をだらだら流している私を見ても母に文句の一言も言わず、徹底して家庭から逃げ回った人は苦しんで死ぬべきだと思ったのです。

いいですね、ここまでメモしましたか。じゃあ、どんな呪詛を掛けたか説明しますね。

（筆者注）ここから彼女は、自身が行ったという呪詛の具体的な方法を説明し始めた。その方法は、動物愛護法に反し、又は器物損害罪に問われるものであるため、具体的に記述することは差し控える。概要としては、動物を拘束し、その身体機能を物理的手段によって少しずつ毀損《きそん》し、最終的に死に至らしめるというものである。

効果は覿面《てきめん》でした。ある日の朝食中、父は何も言わずに椅子から転げ落ちて、そのままその場で泡を吹いて白目を剥きました。救急車で病院へ搬送されると、即手術、即入院となりました。脳卒中だったのです。

糖尿病も併発した父は、結局下半身不随になり、光も失いました。

長年単身赴任をして不摂生が祟った結果と言えばそうなのかもしれません。けれども、呪詛を掛けた場所がそのまま病状として現れているのですから、私は小躍りしました。

退院した父は自宅療養することになりましたが、母はあくまで「大手商社マンの妻」であって、「介護が必要な初老男の妻」ではなかったのです。満足に看病を受けなかった父は、床を這い回る日々を少々過ごしたのち、そのまま絶命したのです。

ところが、です。葬式を済ませて、一週間も経っていない頃だったと思います。夜中、ふと目を覚ました私は、階下から不審な物音がすることに気付きました。どん。ずず、ばさばさ、ずずず。どん、ずず、ばさ。どん、ずずず、ばさばさ。ああ、父だと思いました。成人用おむつを着用し、ズボンの上から更にビニルを巻いて「漏らして床を汚さないように」されていた父が、床を這うときの音に他なりません。私はすぐに階段を駆け下りました。どんな姿形で現れるのか興味津々でした。

物音から察するに、父はどうやら、廊下の端に置かれていたベッドから、台所へ行こうとしているようでした。満足に食事も与えてもらえず、呂律《ろれつ》の回らぬ口で飯、飯と言っていたことを思い出して、なるほどと膝を打ちました。

電気も点けずに階段をそろそろと下りて、廊下を覗き込みます。

そこに、いました。闇に沈んだ廊下よりももっと黒くて、人間の形をしたものが、床を確かに這っています。どん、というのは手をついた音。その手を頼りに、ずずずと身体を前に進ませます。そして身体が動くたび、ビニルを巻いた下半身がばさばさと音を立てているのです。死してなお身体は不自由で、しかもビニルを巻かれているのです。

これには我ながら、大きな発見だと思いました。これを幽霊と呼ぶべきか分かりませんが、ともあれ、死んでも生前の姿に拘束されることを初めて知りました。

私はバタバタと階段を駆け下りると、その黒いものを踏みつけました。

するとするとことことかに、床を踏んだときとは違う感覚がして、私は思わずにやりとしました。


さて、効果は確認できた訳ですから、次は本命です。

私は前にも増して熱心に準備をしてから、呪詛を掛けることにしました。

母は年老いて体力が落ち、またさすがに父の死で気力も落ちていたのでしょう。

見る見るうちに老いぼれていったばかりでなく、何かよく分からない名前の病気に罹り四肢がその機能をほぼ失い、免疫機能の低下によって口の中だけでなく食道や胃にも潰瘍ができて、食べ物を口から摂取することができなくなりました。

ベッドに臥した母の世話は、当然、私が行います。もちろん、私の言うことを聞けないようなクズにはお仕置きをしなくてはなりませんから、色んな道具も揃えました。

ぱしっ、どん、ごり。ごぎぎぎ。がつん、ばちん、がしゃん。

それに混じって、ううう、と呻き声か泣き声かよく分からぬ音が混ざります。しかし、泣きたいのはこっちなのです。これも昔、母自身が言っていた言葉でした。

人を気紛れでぶち回しておいて何を言っているのかと思いましたが、今ではその気持ちがよく分かります。私も大人になったということでしょう。

一年も経たず、母は死にました。根性が足りない人間は何をやってもダメだという言葉を思い出し、本当にその通りだと思いました。

行政解剖を終えて戻ってきた死体は、さっさと火葬に出してしまいます。最近は直葬という便利なスタイルがあるようで、私はそれを手配しました。通夜も告別式も不要、早々に骨にしてもらって、後は夜出てくるのを待とうと思ったからです。

白磁の壺に入った母は、とりあえず下駄箱の隅に置いておきました。

さて、お楽しみの夜です。布団の中でうきうきしながら待ち構えていた私の耳に、聞き慣れた物音が聞こえてきます。どん、ずず、ばさ。どん、ずずず、ばさばさ。父です。

その日は、それに混ざって、うぐ、とも、むご、とも付かない、声のような物音が聞こえてきました。私は喜び勇んで、階段を下りていきました。

廊下の左側からは、四肢で這う父の姿が。そして右側にいたのは、これは何でしょう、芋虫のような、大きなヒルとでも言うべきか、真っ黒な塊でした。四肢が満足に動かなくなった上に、それなりの手続きを踏まないと満足に化けて出ることもできないのです。

私は大笑いしながら、その塊を踏みつけました。何だ偉そうにして、お前はこんなものにしかなれなかったのか、と言いながら。ぐにゅ、と表面は柔らかく、更に力を加えると奥に硬い感触がありました。それは、生前味わったのと同じ感覚でした。

私は何度も、何度も踏みつけます。これまで自分がされてきたことを振り返りながら。生身の身体に同じことをやると、一年も保たないことは既に知っています。けれども、生身ならざるこの身体であれば、私の寿命が続く限り永遠に、責め苦を与え続けることができるのです。

私の前半生はこれにぐちゃぐちゃにされたのです。ならば後半生は、全てをその復讐に充てたとしても、誰にも文句を言う権利はないのです。

彼女の家には今も、毎夜のように黒いものが廊下を這うという。それを踏みつけ、殴りつけることが何よりも楽しいと言って憚《はばか》らない彼女は、勤めていた会社を辞め、今は在宅ワークをしながら昼夜逆転の生活を送っている。

それが、こんなろくでもない家庭に生まれてしまった私にもできる、最大の復讐であり娯楽なんです。そう、彼女は語った。

「私が歳取ったらね。この家に火でも点けて、あれと一緒に焼け死んでやりますよ。それでこの家はおしまい。みんなおしまい。クズ一家にお似合いの最期でしょう?」

和光さん一家のあの日

その日。和光妙子さんは、姉の雪子さんとショッピングモールへ出かけていた。

就職を控えた妙子さんは、残り少ない自由な時間を楽しみたかったのである。

だからこそ、雪子さんも有給休暇を取得して、買い物に付き合ったのだ。

服を買い、化粧品を買い、ランチを食べた。

午後からは海沿いをドライブしよう。二人でそう、話し合っていた。

ところがいざ車に乗り込むと、突然の吐き気が妙子さんを襲った。

風邪を引いた訳でもなかろうし、食べた物が悪さをするには早すぎる。

ともあれ、これではドライブどころではない。

ハンドルを握る雪子さんは、泣く泣く進路を実家へ戻した。


妙子さんに水を飲ませ、ソファで休ませていると、玄関先から音がする。

「あら、あんた達、今日は夜まで帰ってこないんじゃなかったの」

鶴子さん、すなわち二人のお母さんの登場である。

「お母さんこそ、午後から美容室に行くんじゃなかったの？」

とは、雪子さんの言である。

馴染みの美容室へ行くと、長居して夕方まで帰ってこないのがお母さんの常であった。明らかに早すぎる帰宅であったし、髪型も朝から何も変わっていないように思われた。

「それがねえ」

溜め息とともにお母さんが口を開いた。

曰く、いつもは客なんていないあの美容室が、今日に限って満員だった。もう予約客で手一杯だから明日出直してくれ、と言われたのだと。

やんなっちゃうわよねぇ、とお茶を入れながら、お母さんは再度溜め息をついた。


居間に、母娘三人が揃っている。こんな時間も、これからは少なくなるだろう。

雪子さんは目頭を少し熱くした。当たり前に思っていたことが、そうでなくなるのだ。

そういえば妙子の様子は、と目をやると、お菓子をばりぼり食べながら、マグカップをすすっている。体調はと問えば、お母さんが帰ってくると同時にすうっと治ってしまったのだという。

今日は変なことばかりね、とお母さんが笑った。そしてこう、付け足した。

変なことと言えば、先月美容室へ行ったときにね――。

「鶴ちゃんさあ、あたしこの間変なこと言われたのよ」

髪にハサミを入れながら、美容師の先生が言った。顔は笑っているが、陰りがある。

こんなときの先生は結構本気で気に病んでいるのだと、鶴子さんは知っていた。

「買い物に出かける途中にね、辻占いがいたのよ」

場所を訊けば、住宅街のど真ん中である。しかし白昼堂々、歩道に机を出して、座っていたのだと先生は言った。

いつもならそんなものに見向きもしない先生が、何の気紛れか、吸い寄せられるようにして腰かけたらしい。素性も知らぬ、男とも女とも付かぬ八卦見の前に。

「まあ、当たるも八卦当たらぬも八卦、じゃない？　でもその占い師、私を見るなり」

髪を梳《す》く手が止まった。鶴子さんの耳元に顔を寄せて、先生は言った。

「あなた、水難の相が出てますよ。ゆめゆめお気を付けなさいね。ですって」

鶴子さんは一瞬ぎくっとしたが、少し考えて、それからぷっと噴き出した。

「ねえ、鶴ちゃんも思うでしょう？　何が水難の相よって」

先生がぷりぷりしている。そう、先生は自他ともに認めるカナヅチなのである。

泳ぐどころか、浮くことすらもできないレベルらしい。

だから川や海はもちろん、子供と一緒にプールにすら行ったことがないのだという話はもう何度も聞かされていたのである。

「でも、何でそんな私に水難の相なんて言ったんだろう」

声が沈んでいる。先生は案外生真面目なところもあるのだ。これはいけない。

鶴子さんは慰めるように、そんなの適当に言ってるだけなんだし気にしちゃダメですよと言って、そして二人で笑い合ったのだった。


――という話をしてから、一時間も経っていなかっただろう。

午後二時四十六分。未曽有の大災害が、彼女達の住む街を襲った。

美容師の先生が店舗ごと津波に呑まれて亡くなったと聞いたのは、発災から一週間ほど経った、避難所でのことと妙子さんは記憶している。

そんなに当たる辻占いなら、と美容室の常連客が複数名で探し回ったらしいが、ついぞ見つけることはできなかった、という話は一カ月後ぐらいに耳にした。

「私、今もその街に住んでますけど、一度も辻占いなんて見たことがないんです」

宮城県の、沿岸部での話である。

声

地域の詳細、事業者名、所属、職名は一切伏す。

天地がひっくり返るかと思った。本当に、立っていられなかった。
長い長い揺れがようやく収まった後も、何が起きたのかしばらくは理解できなかった。
こんなに激しい地震は体験したこともなかったのだ。
しかし、それはさておいても下山さんにはやるべきことがあった。
鉄道員として、お客様の安全確保は至上命令なのである。
駅舎の、サッシが外れて落ちて枠だけになった窓から外を見る。
ホーム上に、人の姿があった。我を忘れているのか、ぼうっと突っ立っている。
そんなところで待っていても、列車など来るはずがない。
今日中はおろか、一週間、いや一カ月は運転を再開できないのではないか。
遊んだ後の大縄跳びのようにうねる、線路を見ながら下山さんは思った。
どどどどどどど……。地響きとも違う、空気の震えが駅舎を包んだ。

ホームの向こうには松林があり、その先では太平洋が魚鱗のように水面を輝かせているはずであった。

けれども今、海岸線の辺りには、ねずみ色の巨大な壁がそそり立っている。

津波が、来ている。

「お客さん、上がって！　跨線橋《こせんきょう》！　早く！」

大声で叫ぶや否や、下山さんもホームにその身を躍らせた。

お客さんを背後から羽交い絞めにして、跨線橋へと続く階段へ引っ張り上げる。

十段か、十五段か。もう少し上へ、と言いかけた直後、濁流が駅を襲った。

トタンの屋根を、鉄板でできた壁を、乳児がティッシュを弄ぶように波が引きちぎる。

鉄骨の柱が捻じ曲げられて、跨線橋が大きく左右へうねった。

振り落とされてはなるまいと、下山さん達は手すりに必死でしがみついた。


「問題はね、その夜でした」

日没とともに、急激に気温が下がった。ごうごうと風が鳴っている。雪が舞う。

崩れた階段が波打ち際となり、跨線橋は文字通り海に浮かぶ孤島であった。

下山さんとお客さんは、いつ来るとも知れぬ助けを待つ、たった二人の漂着民である。

ぎぎぎ、ぎちぎち、と何かが波に揉まれ、ぶつかり合い、きしむ音がする。そして。

すすり泣き、悲鳴、呻き声。誰かの名前を、ひたすら呼び続ける声。

いや、いるはずがない。冷静に考えれば、分かることなのだ。ひたひたと打ち寄せる、瓦礫混じりの冷たく黒い波の中に、生存者なんて。

けれども声を聞くたびに、ああ、誰かが自分を呼んでいる、早く行ってあげなければ、という思いに駆られるのである。ほら、痛そうだ、苦しそうだ、寒そうだ。

誰がお前を呼んでいるというのだ。行ってどうなるというのだ。お前の役目は今、眼前にいる生きたお客様を守りきることだろう。

それも分かっているのだ。一人、堂々巡りが続く。

結局、一睡もできぬまま一昼夜を過ごしたのち、二人は無事に救出された。

「あれは、津波に流されてきた瓦礫が、行きつ戻りつしながら立てていた音なんですよ。肉体、精神ともに極限状態の自分が作り出した幻聴と思っています。思いたいんです」

でも。未だに脳裏に、あの日の声がこだますることがあるのだ、と下山さんは語った。

折り重なった、何人も、何十人も、いやもっと多くの人たちの声が。

別れ

大地が揺れた。這わねば動けなかった。地に伏せたその身体が、何度も跳ねた。

ややあって、町内にサイレンが鳴り響いた。防災無線がわんわんと何事か叫んでいる。

「俺は後から行くから、お前は子供達を連れて先に逃げろ」

——そう言った彼は、一週間経ってから、未だ温《ぬる》まぬ水が流れる川底で発見された。

その口の端には、籾殻を被ったままの米粒が一粒、貼りついていた。

「あれは百姓だから、最後まで米のことを考えて死んでいったんだ」

棺に納められた遺体を整えながら、友人が言った。

彼には息子が二人いた。あの当時、小学校三年生と一年生であった。

年端のゆかぬ子供でも、それぞれに別れの形を決めていた。

長男は、棺の中の父の姿を見なかった。変わってしまった父など見たくない、お別れは心の中でするのだ、と言って聞かなかった。

次男は、棺の中の父の姿を見た。どんな姿でも父は父であり、顔を見て直接さよならを言うのだ、という理由からであった。

葬儀の日。係員はくたびれた様子で、今日は長い時間が掛かるよ、と言った。茶毘《だび》に付す仏様の数が多い上に、燃料にも制約が掛かっていたからである。故に、火葬には妻が付き添った。息子達は、妻の友人である蒲田さんが預かった。場所はあの日彼が辿り着けなかった、小学校の体育館である。

毛布を敷いて、ダウンコートを着込んでも、床から壁から冷気が伝わってくる。少年達は、蒲田さんの膝の上で寝息を立てている。十年に満たぬ人生で、これだけ波乱に満ちた時間を過ごしたことはなかっただろう。心底、疲れ果てているのだ。

蒲田さんは、小さな肩にバスタオルを一枚余分に掛けた。

そのとき不意に、二人の目が同時に開いた。

揃ってがばっと身を起こし、辺りを二、三回見渡して、それから泣いた。

体育館じゅうに響くような大きな声で、おんおんと泣いた。

泣いて泣いて泣いて、声を嗄らし息を切らして泣いて、ようやく落ち着いたタイミングを見計らって蒲田さんはその訳を訊ねた。

「パパがね、来たんだよ。じゃあね、バイバイ、って言って、それから行っちゃった」

揃って指さす鉄の扉が、人も通らぬのに、ばたん、と音を立てて閉まった。

今度は蒲田さんが声を上げて泣く番であった。

オサム

あれから、もう一週間が経っていた。

何かやろう、やらねばならない、とは思っていたのだ。けれども、何から手を付ければ良いのか、皆目見当が付かなかったのだ。

お互いがそんな状態だった。だから、誰も声を上げられずにいたのである。

「とりあえず、目に付いたものから、ちょっとずつでも片付けるべ」

誰かが噛んで含めるように言って、ようやく男達は重い重い腰を上げた。

皆等しく、亡くなった仲間が、未だ還らぬ親類縁者がいるのだ。

生き残った者の義務だ、と思った。

空は晴れ渡っている。風にも、春の近づきが感じられる。視界一杯に広がる大海原も、今日は実に穏やかである。

けれども、視線を近くへ戻せば、荷捌場に突き刺さったまま赤いどてっ腹を見せる漁船が、路上で大蛇がとぐろを巻くようにのたうつ漁具が、虫がたかり黒く蠢く塊と化した魚が、そのまま残されていた。

「これはぁ、どこへ片付ければ良いですかぁ？」

遠くから呼びかける声がする。東京から来てくれたという、ボランティアの青年だ。

細腕一杯に、黄色い防舷材を抱えているのがここからも見える。

「ああ、漁協の倉庫の、一階さ、置いといてけれ」

若者に負けない、大きな声が飛んだ。

青年は指示に頷くと、屋根も壁も吹き飛んで骨組みだけになった倉庫へ向かって、一人で歩いていった。


「今日の昼間や」

体育館の硬い床に敷いた毛布の上で、タケシが言った。

「ああ、あれな。防舷材な」

配られた菓子パンを食べながら、キヨシが応えた。

「オサムの声だったべな」

ポータブルテレビでニュースを見ながら、マサトが呟いた。

津波に呑まれ、今は別室で安置されているオサムの声を、確かに全員が聞いたのだ。

福島県は相双地域での話である。

訪問

こん、こん。誰かが、家のドアをノックした。

これは異なこと、と加藤さんは思った。この界隈の人は大抵、勝手に上がり込んだ上で家の中から「いるか」と背中へ声を掛けるからである。

そもそも、この時季であれば直接庭へ回ってきたほうが早いのである。

夕涼みがてら縁側に腰かけて一服やっているのは、先刻御承知のはずであった。

朧になってきた庭木のシルエットを眺めながら、独り首をひねる。

では、宅配便か何か、よそから来た人だろうか。

それであれば、門柱に備え付けてあるインターホンを使うはずであった。

いずれにせよ、門の中まで入ってきて、わざわざドアをノックするのはおかしい。

こんこん、こんこん。誰かが、家のドアを叩いている。

「開いてるよ。それか庭へ回って頂戴」加藤さんは大きな声を出してみた。

どんどん、どんどん。誰かが、家のドアを叩いている。

しつこい奴だな。煙草をもみ消し、ステテコ姿のまま立ち上がる。

ヒグラシの鳴く声だけが、浜風の香りとともに家の中を抜けていく。

「どちらさんだい」とドアを開けた加藤さんは、その場で立ち尽くした。

瑠璃紺色の空を背景に、ずらりと人が並んでいる。

ニット帽を被った者、マフラーを念入りに巻いた者、ダウンジャケットを着込んだ者。

皆俯いているが、その佇まいから老いも若きも男も女もいるように思われた。

門柱の辺りから玄関先まで、その数、十や二十では収まるまい。

いったい、何だというのだ。こんな大勢、うちの家に何の用事だというのだ。

そんな加藤さんの疑問を見透かすかのように、フードをすっぽりと被っていた一人が顔を上げ、前髪が、仄暗いその表情が見えかけて——。

加藤さんは慌ててドアを閉め鍵を掛け居間へ引き返し、縁側の雨戸とガラス戸を閉めた。


後日。余りに深刻な顔をしていた加藤さんは、近所の人から質問攻めに遭った。

いったい何を思い詰めているのか。俺らの仲じゃないか、話してみろ、と。

こんな出来事があって、という加藤さんの報告に、皆が口を揃えて言った。

「ああ、お前のところにも来たのか。うちもだ。可哀想でも中には入れるなよ」

宮城県南部の、漁港を有する街での話と聞く。

意味

「居《い》るだが《か》？」

耳慣れた声に、草むしりをするミツ子さんの手が止まる。大地の色が染みついた、深い深い皺の刻まれた手のひらで、額を伝う汗を拭う。

顔を上げ、周囲を見渡してみても誰の姿もない。ミツ子さんは一つ溜め息をつく。目線の先には田の字に整えられた土地が広がり、けれども家はまばらで、先日落成したばかりの役所の建物だけが輝いていた。一直線に引き直された道路と、白い龍が横たわるような防潮堤が、海と大地を隔てている。

ミツ子さんの家だけは高台に位置したが故に、十一年前と変わらぬ姿と位置であった。そこへ未だに、当時の住民達が訪ねてくるのである。

今の声は、勇作だべな。水産工場を経営して、社員を避難させている間に自分は津波に呑まれて命を失った——。

ミツ子さんは齢八十を過ぎた。懐かしい声を聞くたび、考える。自分だけが生き延びた意味を。そして、彼らが訪ねてくる意味を。

尋ね人

某所に存在した、ヘリポートにまつわる話である。

東京にある本社と当地とを頻繁に往復する、某社社長専用の設備であった。

取引先企業の敷地の一角にヘリを降ろして、そこから目的地までは車で移動するのだ。

もっとも、ヘリポートと言っても、空港のように管制塔や格納庫がある訳ではない。

砂利敷きの土地の一角を舗装してラインを引き、その脇にガードマンボックスのような小屋を置いて、ヘリが離着陸するときだけ社員が手伝いに出てくるのである。

ある夏の日の夕方のこと。

堀江さんが小屋でヘリを待っていると、誰かが扉をノックした。

女が、立っている。西日が生み出す濃い影で表情まではよく分からないが、髪の長い、三十代ぐらいの女がそこにいる。

こんな所にいったい何の用があるというのだろうか。

「うちの子供を見ませんでしたか。五歳の、男の子なんですけれども」

――いやぁ、見てませんよ。この辺は何もないから、いたら分かると思うんですが。

「うちの子供を見ませんでしたか。五歳の、男の子なんですけれども」

――ですから、見かけてませんね。見かけたら保護しておきますよ。

「うちの子供を見ませんでしたか。五歳の、男の子なんですけれども」

――いやですから……どんな服を着て、

「うちの子供を見ませんでしたか。五歳の、男の子なんですけれども」

壊れたテープレコーダーのように、同じ言葉を繰り返すばかりである。


これは、関わってはいけない類の人かもしれない。ともあれ、誰か呼ばなくては。

周りを見渡すと、敷地内で車両の誘導をしている警備員の姿が目に入った。

おーい、ちょっといいかなぁ、と呼びかけて視線を戻す。

女がいない。

周りを見渡しても、影も形もない。夕陽を水面に反射させ、稲が揺れるばかりである。

「堀江さん、どうしました?」

駆けつけた警備員に、堀江さんは事情を話した。

子供を探してるって女が来たんだけどさ、どうにも要領を得なくて。見かけたら、警察に通報しておいてくれないかな、と思ってさ。

「ええ？　そんな女、いました？　見てないけどなぁ」

警備員が怪訝な顔をして言った。

「この辺、御覧の通り一面が田んぼでしょう。それにうちの関係者ぐらいしか通らないし、そんな女がいたらすぐ目に付くんですけどね。で、どんな姿格好してましたか？」

そう問われて初めて、堀江さんは思い出した。

あの女、この暑いさなかにダウンジャケットを着ていたような気がする。

「あー……。それは堀江さん、あれです、仕方ないですよ。だってここ、海から一キロも離れてないんですから」

津波に呑まれながらも、数本だけ残った松の木を指さして警備員は答えた。

宮城県の、海沿いの街での出来事である。

かえでちゃんとお友達

娘のかえでが小学二年生でしたから、今から七年ほど前の出来事です、と久美子さんは口を開いた。客のほとんどいない喫茶店で聴くその声は、普段より幾分か沈んでいた。

当時市内に働きに出ていた久美子さんは、仕事が早く終わるとかえでちゃんを学童保育へ迎えに行き、一緒に買い物をして帰ることにしていた。買い物袋を片手に提げ、反対側でかえでちゃんの手を引いて。少しでも母子の時間を増やそうという試みであった。

空を仰げば西の果てに僅かに朱鷺《とき》色を残すばかり、海のほうから湧き出した藍色が次第にその手を天球に広げつつあった。

点滅信号が灯るあの角を曲がれば我が家はもうすぐ、という頃合いであった。

「もう遅いんだから、帰んなきゃダメだよ」

不意に、かえでちゃんが口を開いた。視線の先には、かつてかえでちゃんも通っていた幼稚園がある。誰か友人でもいるのだろうか、と久美子さんは思った。

けれども、門扉はがっちりと閉ざされ、明かり一つない園舎にも、園庭にも人の気配は全く感じられないではないか。

どうしたの、お友達でもいたのと問うてみれば、口尖らせて頬膨らませて。

「えっ、いるじゃん、ママ見えないの？」

まだ幼い我が子の言うことである。頭ごなしに否定するのも可哀想に思った久美子さんは、それ以上は触れることなくそのまま帰宅することにした。


別の日、である。久美子さんの右手には買い物袋が、左手にはかえでちゃんがあった。

近くを走る幹線道路は車の通りも多いが、一本奥へ入ったこの界隈はしんと静まり返り、家が軒を連ねているにも拘らず人とも滅多にすれ違わない。

「あ、今日もいる。ねえあんた、もう帰らないと怒られるんだからね」

幼稚園の前に差し掛かると、またしてもかえでちゃんが語気鋭く言った。

余りに真剣なその口調に、久美子さんは気になったことを訊いてみた。

――ねえかえで、誰がそこにいるの？

「ちっちゃい女の子だよ、ママ見えないの」

――そうねえ、ママには見えないの。その子は何をしてるの？

「幼稚園の門をこうやって握ってね、中をじっと見てるんだよ」

両手で鉄柵を握りしめ、その隙間に顔を押し付けるようなしぐさで答えた。

――そうなの。じゃあ幼稚園のお友達かもしれないね。

「違うよ。だって、お洋服が違うもん」

どういうことかと訊ねてみれば、なるほどその子は幼稚園の制服を着ているようだ。

しかし、色も柄も、数年前までかえでちゃんが着ていた、この園のものとは確かに違う。

では、よその幼稚園の子がいったい何の用事でここにいるのだろうか。

久美子さんが首をひねっていると、こおおん、と磬子《けいす》の音がした。

この幼稚園はお寺が経営している。故に、園舎に隣接するように本堂がある。これから夕方の勤行が始まるのであろう。不意に冷たいものを背中に感じた久美子さんは、かえでちゃんの手を引いて家路を急いだ。


それから何日経ったろうか。

その日はたくさん買い物をしていたら、思いのほか帰るのが遅くなってしまったのだ。

すっかり深みを増した空の下で、ぽつんぽつんとまばらに光る街灯が何とも言いようのない寂しさを醸し出していた。

この道をもう少し行けば幼稚園が見えてくる。その門扉の脇には自分には見えない子供がいて、どこのものとも知らぬ制服を着て誰もいない園内をじっと見つめているのだ。
けれども、それ以外に何をする訳でもない。
かえでちゃんから度々話を聞いているうち、怖さも幾分か薄れてきた。
仮に幽霊のような存在がそこにいたとして、この世で迷子になっているのではないか。
何とも不憫な、可哀想な話ではないか。そんな思いすら抱くようになっていた。
だから。
——今日もいつものお友達は幼稚園に来てるのかな。
自分からそう訊ねたのも、自然なことであった。
「ううん、いないよ」
事もなげに言ったかえでちゃんに、久美子さんは胸をなでおろした。
——じゃあ、おうちに帰れたんだね、良かったね。
「ううん、違うよ」
かえでちゃんが久美子さんの顔を見上げた。
「ここにいて、ママの顔をじいっと見てるよ」
かえでちゃんと久美子さんを繋ぐ手の辺り、何もない宵闇を指してそう言った。
仙台市近辺の、潮の香り濃い街での出来事である。

ハイタッチ

二〇一五年の、春の出来事である。

「いえーい、いえーい」

新千歳空港の手荷物検査場で、しきりに團さんのお腹を叩く者がいた。

視線を落としてみれば、野球帽を被った、四歳ぐらいの男の子である。

これは異なこと、この子はお母さんとともに、自分よりも前に検査列に並んでいたはずだったが、と團さんは思った。

ゲートの向こうを見れば、困り顔のお母さんが何度も名前を呼んでいる。

やはりいったん検査を終えたにも拘らず、こちらへ戻ってきてしまったらしい。

「いえーい、いえーい」

しかしそんなことは露ほども気にせず、相変わらず團さんの前に立ちふさがったまま、お腹をべちんべちんと叩き続けている。何がしたいのか、さっぱり分からなかった。

「違う、そうじゃねーよ、こうやるんだよ」

咄嗟《とっさ》に、言葉が出た。細腕をぐいと掴み、小さな手のひらを自分のそれと合わせる。

ぱちん！　小気味よい音が響く。ハイタッチ、という奴である。

破顔一笑。じゃーねばいばい、と言うと男の子は走り去ってしまった。

お母さんがこちらを向いて、しきりに頭を下げている。横では空港職員が、怪訝な顔をしてこちらを見つめている。

――いや、その、僕を野球選手と勘違いでもしたんじゃないですかね。えんじ色の服を着てるし。ほらあの子、球団の帽子被ってたし、きっと好きなんでしょうね。

悪いことをした訳でもないのに、しどろもどろである。

一方で先ほどの男の子はというと、完全に他人事である。

知らない人にあんなことしたらダメでしょう、とお母さんに窘められても、いったい何のことだか僕には分かりません、とでも言いたげな素振りである。

どうやら同じ便に乗るようではあるが、これ以上は関わるまい。團さんは思った。

松島湾に飛び出した飛行機は、ぽこぽこと泡のように連なる島並みを見下ろしつつ高度を下げていく。一直線に引かれた砂浜の向こうにうっすらとビル群を認めるや、ぐぐぐと大きく陸地に向かって翼を傾ける。

右手には閖上、荒浜、仙台新港。左手には亘理、山元、相馬町。

どすん、と衝撃を尻に残して、仙台空港へと着陸した。

あれから四年、機上から見た太平洋は嘘のように穏やかであった。

そう思ったとき、團さんの頭の中で何かが音を立てて繋がった。

四年の歳月、野球、ハイタッチ——。そうだ、野地君だ。

野地君は、團さんの幼馴染みであり、数少ない友人の一人であった。


小学校の高学年ぐらいの出来事である、と團さんは振り返る。

その日、團さんの姿は草野球のバッターボックスにあった。普段はベンチ担当だったのだが、何かの拍子で試合に参加することになったのである。

ランナーは二塁三塁にいて、一打サヨナラ逆転のチャンスであった。

友人達の目が、刺さるように痛い。バットを握りしめる手は緊張でガチガチである。

こんな局面で万が一にも三振なんて結果になれば、後で小突き回されるに違いない。いや、かと言って打ったら打ったで、相手チームの連中から呼び出しを食らうだろう。

喜んだ素振りでも見せれば、調子に乗るなと味方からもパンチされるかもしれない。

そう、当時の團さんはいじめられていたのである。進むも地獄、退くも地獄であった。

ぱかん。思い切り振ったバットが乾いた音を立てた。ボールが青空へ飛んでいく。

飛んで飛んで飛んで……いるうちにランナーが回って回って回ってホームインする。

やった、勝った！　喜び走って戻ってきた勝利の立て役者の行く先を、立ち塞がるように野地君が出迎える。すっと挙げられた右手に、團さんはびくっと身構えた。

野地君がそんなことをするとは思えなかったが、染みついた習性は変えられない。

「いえーい、いえーい」

野地君が何をしようとしているのか、分からなかった。

「違う、そうじゃねーよ、こうやるんだよ」

苦笑した野地君は團さんの手を掴むと、お互いの手のひらをぱちんと合わせた。

「ハイタッチ、て言うんだよ」

そう、教えてくれたのだった。野球って楽しいな、と初めて思えた瞬間であった。


この奇妙な符合を、團さんは奥さんに語った。

その男の子、きっと野地君の生まれ変わりよ、と奥さんは言った。

かつてを知る友人にも話してみた。

野地君は高校を出るまでずっと野球部員だったし、その後も野球好きは変わらなかったからね、と彼は言った。あの日以来、ずっと心の底にわだかまりを抱えていた團さんに、姿を変えてでも会いに来たのだろう、とも。

だから。あの男の子は野地君の生まれ変わりで、仙台に近いどこかの街で野球とともに今も生きているに違いないんです。そう、團さんは思っている。

あの日、家族共々黒い波に呑まれた野地君のことを決して忘れない。

團さんの思いとともに、ここに記録する次第である。

朝釣りの話

ようやく三月になったとはいえ、未だ冬のような冷え込みようであった。

陽は未だ太平洋の向こうにあったが、色付き始めた空が暁を予感させた。

対岸では夢うつつの貨物船がその脇腹を無防備に晒し、河口特有のとろみを帯びた流れがゆったりと海へ溶け出していた。

先に続く海原は不思議に平穏で、波頭を跳ねる白兎の一羽も今日は見当たらなかった。

とはいえ、腕に覚えのある松川さんにとっては関係ない。

白い息を小さく吐き出すと、自慢の竿を海へ向かって大きく振り出した。


鏡のような水面に波紋が広がった瞬間に、ぐいと大きくアタリが来た。

こんなに早く釣れるはずがない、餌取りの外道であろうと思いつつもリールを巻く。

竿をしならせながら現れたのは、果たして良型のカレイであった。

実に幸先が良い。針を外し、クーラーボックスへ納めてすぐに二投目である。

ヒットする。巻き上げる。今度は一荷である。カレイが二匹同時に上がることなど滅多にない。自然と鼻歌がついて出る。

投じる。即座に竿が揺れる。座布団のような肉厚のカレイが次々と上がる。

――不意に、頭がすうっと冷めていく感じがした。先ほどまでの熱狂がまるで嘘だったかのように、大潮の日の潮位が如く引いていく。

何かが、おかしい。この違和感は、何だ。釣り人であれば多かれ少なかれ備えている、風や潮目を読む勘が猛烈な勢いで警鐘を鳴らしている。


白煙のようなものが、辺りに漂い始めていた。

水温と大気の温度差で生ずるという、川霧の原理は知っている。海原からゆらゆらと湧く気嵐《けあらし》を見たこともある。

けれども、こんな景色は長い釣り人生の中でも初めてのことであった。

立ち尽くす松川さんの周りを、もはや固体とでも言ったほうが良さそうな乳白色の塊が、水の流れと歩調を合わせてゆらりゆらりと覆っていく。

瞬く間に、松川さんは白の世界に飲み込まれていた。右も左も分からぬ、白の世界。

その切れ間の向こうに、人の姿がある。霧と同じく色白の、中性的な顔立ちの。

表情が分かることからして、対岸にいる訳ではあるまい。かと言って原動機の音もせず、船に乗っているということでもなかろう。しかしこの辺りの水深は十二分にあって、誰も川の真ん中に立てたものではない。

続くようにして、もう一人現れた。今度は若い女性である。

紅も差さず、いっそ蒼いような顔をして、ただじっと前を見つめている。

一人、もう一人。老若男女、都合十人ほどはいるだろうか。

皆、海を見つめ、そして海へ向かっている。

歩いているでもない。流れの中に立つでもない。強いて言うならば、水面を滑っていると表現するほうが正しいように思われた。

そこに一陣の風が吹く。すうっと霧が流されて、昇り始めた陽が差し込む。

松川さんは息を呑んだ。

彼らは皆、白装束を纏い、白足袋に雪駄を履いて川面に立っていた。

そして御来光を目指すかの如く、するすると海へ向かっているのであった。

これは釣りなどしている場合ではない。静かに竿を置き、踵を返して愛車へ忍び込んだ。

どれほど、経っただろうか。陽はすっかり高くなっている。

あれだけ立ち込めていた霧も、そして彼らもどこかへ去った。正に雲散霧消である。

ほっと一息ついて、エンジンを掛ける。

「今日は、三月、十一日です」

カーナビが告げた。

松川さんは、ああ、そういうことか、と深い溜め息をついた。

福島県での、話と聞く。

たあちゃん

忠一《ただいち》さんが若い衆だった頃というから、昭和二十年代の話であろう。
夏の早朝。迎えに来た同僚と連れ立って、職場へ出かけていく。
手には弁当、足許は下駄。からころと鳴らしながら、歩いていくのだ。
山裾の道は砂利道である。車も少ない時代のこと、二人の足音だけが辺りに響く。
青々とした木々の息吹をたっぷり吸い込んだ朝靄が、ゆらゆらと漂っている。
「なあ、たあちゃん、何か聞こえへん？」
不意に足を止めた同僚が、こんなことを言った。
しゃっ、ざりっ、しゃっ、ざりっ、しゃっ、ざりっ。
風に乗り、行く手から聞こえてくる。聞き慣れぬ、音であった。
いずれにせよ、一本道である。道を進めば、正体も分かるに違いない。
から、ころ、から、ころ。怪訝な顔をしながらも、先を急ぐ。
涼やかさを残した風がさあっと吹いて、開いた靄の帳から朝陽が射し込んだ。
「こっから聞こえるよなぁ」

二人の視線の先には、村外れの墓地があった。
しゃっ、ざりっ、しゃっ、ざりっ、しゃっ、ざりっ。
先ほどよりも、はっきりと聞こえる。異音の出所は確かにここだ。
「しゃあないけん、見に行こか」
気味は悪いが、好奇心が勝った。
道を外れて、墓場の奥を目指す。置き土産のような朝露が、足許を濡らした。
しゃっ、ざりっ、しゃっ、ざりっ、しゃっ、ざりっ。
いよいよ、すぐそこから聞こえてくる。何かを擦るように。規則正しく。ずっと。
「たあちゃん、おはよう。仕事行っきょんかい？」
不意に声が降ってきて、忠一さんは飛び上がるほど驚いた。
周りをきょろきょろと見渡しても、磨き上げられた墓石が並ぶばかりである。
いや、しかし、これは——。
聞き覚えのある声の主は、幼馴染みの健治さんであった。
しかし剣呑なことに、その姿は墓石の上にあって、こちらを見下ろしているのだ。
なるほど、声が降ってくる訳ではある。
「けんちゃん……ほんなところで何しよん？」

忠一さんは恐る恐る訊ねた。

「何て、見たら分かるだろ。女の人が送ってくれ言うけん、ちょっとそこら辺まで自転車に乗せて行っきょんよ。綺麗な人だろ」

後ろを指さして、健治さんが言った。当然、墓石に乗る者など他にない。虚空である。

しゃっ、ざりっ、しゃっ、ざりっ、しゃっ、ざりっ。

そこにないペダルを踏み込むかのように、墓石にまたがり足をくるくると回している。

そのたびに太ももの皮膚がざりざりとすり下ろされ、鮮血がしたたり落ちる。

いつからそうしていたのか、花立の周りは錆色の汚れでまだらになっていた。

「なぁ、たあちゃん、どしたん。たあちゃん、たあちゃん、たあちゃん」

手をひらひらさせながら、健治さんが言う。

しゃっ、ざりっ、しゃっ、ざりっ、しゃっ、ざりっ。太ももがすり下ろされる。

ぽたぽた、ぽたぽたぽた、ぽたぽたぽたぽたぽた。真っ赤な血が墓石を汚す。

「ほんま阿呆よ。狸に化かされたんやなぁ」

うんざりとした顔で、忠一さんが語った。

徳島県での、話である。

高田正太郎君の話

正子さんの祖父に当たる常治さんが出征していた折の話である。

昭和二十年、比島《フィリピン》戦線。前線も後方もない、ごった煮の戦場であった。

師団司令部はとうに潰滅し、部隊は各個撃破され、補給は届かず、米軍と現地ゲリラに追い立てられた敗残兵が密林をうろうろするばかりである。

常治さんも他の兵も皆、枯れ木のように黒く痩せさらばえた身体にボロを纏い、目だけをギョロつかせ、野良犬のような吐息を響かせて、あてもなくさまよっていた。

ただ、生きて再び日本の土を踏みたいという一念が、とうに死んでいてもおかしくないはずの身体に最低限の活力を与えていたのである。


そんな中にただ一人、意気軒昂《いきけんこう》な者がいた。名を、高田正太郎という。

砲兵の生き残りだったか、行軍から落伍した歩兵であったか、素性は定かではない。

この正太郎という男、一風変わった特技があった。

どこからともなく、食い物を仕入れてくるのである。

餓えの極致に達して皆が自決を意識する頃になると、不意に姿を消す。そしてしばらくすると、おおい、食い物を手に入れてきたぞ、とホクホク顔で帰ってくるのだ。米軍の糧食や現地人が主食にしているイモを両腕一杯に抱えて。

「俺は長男だからサ、みんなの世話をするのは慣れてる訳ヨ」

「弟が風邪引いたときにゃヨ、裏山に入って薬草を摘んだものだナァ」

「これは食える、これはダメ。みぃんな、自然と分かるのさネ」

いつもお喋りが絶えず、小隊長が機銃掃射にやられるまではよく叱られたものである。けれども妙な勘の良さがあって、斥候として優秀であったし、何より例の特技のお陰で誰からも愛される存在であったという。


そういえば正太郎には不思議な力もあった——と常治さんは思い出す。

現地ゲリラが残した罠に掛かり、手指を飛ばしかけたときのこと。

左手の人差し指が、文字通り皮一枚でぶらんと繋がっていた。

声を出そうにも出せず、この有り様では軍医殿でも（もちろんとうに靖國であったが）繋げることは難しかろうと思われて、さりとて自ら切り落とすにも勇気が足りぬ。

常治さんは血まみれの手を腹の辺りで組んで、うずくまることしかできなかった。

現れたのは正太郎であった。ぶらんとした指をおおよそ元の位置に戻し、脚絆《きゃはん》の端切れを巻き付けると両手で包み込んだ。これでよし、と。

何が良しなのか常治さんにはさっぱり分からなかったが、

――翌朝になると指が元通りにくっついていた。


だが、そんな正太郎の武運も尽きる日がやってくる。

最後に口に物を入れてから、何日何週間経ったか定かでなかった。

蛇も蛙も芋虫も、真の密林では姿を消すのだということを常治さん達は初めて知った。腹と背中がくっつく、等と言えるうちはまだ余裕があるのだ。本当に飢えると、そんな感覚すらなくなってしまう。己が身体の真ん中辺りに虚空が穴を開けているようで、虚空なものだから頭が幾らものを考えてもそこから気力が漏れるし意思も伝わらない。

そういえば、正太郎の姿が見当たらなかった。いつものように食料調達かとも思ったがそれにしても長すぎた。

星のマークを付けたB-24《コンソリ》の定期便が上空を飛んでいく。

アッ飛行機だッと明るく指さすあの声を、もう何日も聞いていない気がした。


「慌てない、慌てない」

余りに姿を見せないものだから、ちょっと周囲を探してみようという話になった。

他の誰かが帰ってこなくとも、そんなことはしなかっただろう。けれども、正太郎は。

生きるか死ぬかぎりぎりの身体を引きずって、泥にまみれ草木の汁を浴びながら探す。

——名も知らぬ大木の根元で、一匹の狸が死んでいた。


艶のない毛皮に、あばらの浮いた胴。死骸の周りには、英字の書かれた糧食の包装と、掘り出したばかりのようなイモがごろごろと散らばっていた。

狸だろうが何だろうが、獣であり、肉である。死んでいようが腐っていようが、即座に皆の胃袋へ収まるところであったが、誰も死骸に手を出そうとしない。

誰もが、これは正太郎だ、と思ったからである。あいつ、狸だったのか、と。

先任として指揮を執っていた軍曹が、弔ってやろうや、と言った。

「一緒に日本へ帰ろうな。痛くしてすまんな」

軍曹はそう言って、狸の——否、正太郎の耳たぶを少しだけ切り取った。

それから折れた銃剣で穴を掘り、遺体を納め、土を被せ、糧食を供えた。

手を合わせながら、皆、我を忘れて泣いた。

このまま体力が尽きて死んでも構わぬというぐらいに、泣いた。

あの日の軍曹から手紙が届いたのは、数年経ってからのことである。

正太郎の御母堂に会った、と認《したた》めてあった。狸ではなく、人間であったと。

何と伝えたかは知らないが、切り取った耳たぶを手渡したそうだ。

すっかり干からびたそれを手のひらに載せるや、お母さんは指でそっと撫で、そして、確かに「正太郎はこの子らの身代わりに」と言って泣き崩れたという。

傍らには、正太郎にそっくりな顔をした子供らが並んでいた。

嗚呼、彼が守りたかったのはこの弟達だったのです、と文章は締め括られていた。


日露戦役における「軍隊狸」の話は有名であるが、大東亜戦争に狸が従軍したという話は寡聞にして知らないため、ここに記す次第である。

タヌキ――哺乳綱食肉目(ネコ目)イヌ科。

ベトナム北部、中国東部~東北部、モンゴル東部、ロシア南東部、サハリン、日本列島と周辺離島に自然分布する(国立環境研究所による)。

フィリピン諸島には、当時も今も狸は生息しない。

マニアはつらいよ

大阪に住む柳田さんは大学生ながらにして筋金入りの軍装マニアであった。

旧帝国陸軍の軍衣袴から制帽、弾帯、水筒、雑嚢《ざつのう》、巻脚絆、編み上げ靴に至るまで買い揃え、階級章を縫い付けて軍刀を佩《は》いた。

衣装に合わせて、あらゆる戦役、あらゆる戦線が柳田さんの自宅に出現した。

一人鏡に向かい先人に思いを致すこともあれば、時には同好の士と野山を駆け巡った。

柳田さんのいる場所が旅順であり、北支であり、ガ島《ガダルカナル》であった。


けれども、軍装マニアをやる以上どうしても避けて通ることのできない悩みがあった。

あらゆるモノに、レプリカ品が存在する訳ではない、ということである。

レプリカが存在しないなら、実物で揃えるしかない。当時戦地にあった、硝煙と汗と、時には血染みの付いた実物を、である。

こんな趣味であるから、総じて家族の理解は低かった。場所を取り過ぎだ、何がしたいのか分からない、埃臭い、勉強しろ、以下略。中でも妹は徹底的に嫌がった。

曰く、そんなものを置くから家にお化けが出るのだ、と。

何を見たのかと訊いても、決して答えてくれない。けれども、思春期に差し掛かった頃から生まれた溝が、趣味がために更に深まったのは確実であった。

「ともあれ、問題はこれをどこに隠すかだ」柳田さんは独りごちた。

手元には、本牛革で作られた長靴があった。長らく探していた騎兵士官用のものであり、レプリカがこの世に存在しないがためにこれもまた戦火を駆け抜けてきた実物であった。

しかしようやく手に入ったのは良いものの、置き場がない。

いい加減に部屋を片付けなければ、自分が収まる余地すらない。けれどもそんな時間は今はない。そろそろ家族が帰ってくる頃だ。

木を隠すなら森の中、靴を隠すなら玄関に。いや、こんな筒丈の長い靴はすぐにバレてしまう。またこんなものを買って、と怒られるのがオチだ。

ひとまず——ひとまず、ここでいいか。

玄関の鍵が開いて、両親と妹が揃って帰ってきた気配がした。

と、足音が一つ、ずんずんとこちらへ向かってくる。

洗面所の扉を開ける音が一瞬聞こえて、「ぎゃっ」という小さな悲鳴が上がった。

ばんっ、と柳田さんの部屋の扉をノックもせずに押し開けて、妹が顔を出した。

「ちょっとお兄ちゃん！　また何か買ってきたでしょ！　いい加減にしてよね本当待て。これはロンメルの罠だ。確かに洗面所には洗濯機が置いてあり、その中には例のモノがある。けれども、あの短時間では洗濯機までは開けていまい。」

——いったい何のことを言っているのか。根拠もなく人を批判するのは良くない。

努めて落ち着き答えようとする柳田さんに被せるように、妹が言った。

「ぜっっったい、何かまた買ったでしょう！」

「洗濯機に隠してるの分かってるんだから！」

「どうして洗濯機から兵隊が生えてるのよ！」

「蓋の上に上半身だけ乗っかってるわよ！」

雪江さん家《ち》のこと

雪江は本人も薄気味悪いけどさ、家はもっとだから、昌子が持って行ってよね。

そう言われて、昌子さんはこの日もノートとプリントを押し付けられたのだった。

雪江は、中学校の同級生である。友人と呼べるか定かでないが、話さないこともない。

昌子さん自身は雪江のことを気味悪いとは思わなかったが、級友から何か〈お前も同じカテゴリなんだぞ〉と言われているような気がして――現にこうして毎度押し付けられている訳で――そこが引っ掛かっていた。

しかし、そんなことを思い煩う暇はない。予報よりも早く、雨が降りそうなのだ。

雪江の家は、市内でもとりわけ古い家が建つ一角にあった。

同じような見た目の木造一戸建てが、押し込められるように十軒ばかり並んでいる。

少しずれた屋根瓦からはぺんぺん草。板張りの外壁には雨だれの黒い筋。

何度も来ているが、やはり家は薄気味悪いんだよな、と思った。

黒く立ち込めた雲を背景にしているから、今日は余計に陰気であった。

カーテンを引くような音がして、頬に腕に、冷たいものが当たる。

ああ、降ってきてしまった。申し訳程度の庇《ひさし》の下に、身を隠す。

玄関ドアは木の板を蝶番《ちょうつがい》で留めただけの、簡素なものである。

脇のブザーを、ビーと鳴らす。ぎぃという音を立ててドアが僅かに開いて、隙間から身を滑らせて雪江が出てきた。一重まぶたの涼やかな目が、昌子さんを射るように見る。

どぉんと雷鳴が轟き、一気に雨脚が強くなる。庇に入りきらぬ肩や背中が濡れる。

——あの。雨、降ってきちゃったね……。

昌子さんが小声で言った。手にしたノートにプリントに、雨粒が花を咲かせ始めた。

決して、茶を出してほしい訳ではないのだ。ただ、せっかく持ってきたノート類が雨に濡れるのは忍びなかったし、何より親切にしている自分が濡れねずみになるのは、どうも理不尽に思えてならなかったのだ。

「ダメ。家には、入れられないから」

明確な拒絶であった。雪江はいつでも、こうであった。

確かに、家に上げるほど仲良くないかもしれない。

家の中を見られることを嫌がっている、というのも玄関の開け方を見れば分かる。

けれども余りにはっきりとしたその物言いに、昌子さんは胸が痛んだ。

「あんただから言うけどさ。出るんだよね、うちの家」

続いて発せられた言葉は、想像もしないものであった。

ちょっとだけな、すぐドア閉めっからね。雪江の言葉に促されて、僅かに開けたドアの隙間から家の中を盗み見るように覗いてみた。

新聞紙を広げた程度の三和土があって、その先には板張りの廊下が伸びている。

薄暗いどころか、洞窟のようであった。埃臭さと湿っぽさの混ざった空気が鼻を衝く。

その廊下を、すっと誰かが横切るのが見えた。着物姿の、若い女性のように思えた。

「ね？」

雪江が昌子さんの肩をぐいと引くと、その鼻先でドアがばたんと閉じた。

何が「ね」なのか、昌子さんにはさっぱり理解ができなかった。

「あの人が嫌がるから、うちには誰も上げられないの」

さも当然のことのように、雪江はそう言った。

——あの人って、廊下にいた人？　お姉さんじゃないの？

昌子さんの疑問に、雪江は吐き捨てるようにこう答えた。

「何言ってんの。姉貴も兄貴も、家を出ていったんだよ。あれが嫌でさ」

では、今、見た人は誰だというのか。あの人、とは何なのか。

雪江はドアに背を向けると、「あの人」が出てくるのを防ぐかのように体重を預けた。

そして、昌子さんの目をじっと見つめるとこんな話を始めたのである。

うちはさ、あたしが小学生のときにここに引っ越してきたんだけど。越してきて三日目かな、朝っぱらから姉貴が、家を出るって言い始めたの。もうやだ、独り暮らしする、って。

でも前の家よりも職場に近いし、何より自分の部屋を持てるからここに決めたのに。何で、って訊いたの。あたしも訊いたし、親も訊いた。そしたら。

「何でみんな気付いてないの!?　あたしもう耐えられないわよ」

こんなお化け屋敷、って捨て台詞吐いて、そのまま荷物まとめて飛び出しちゃった。もうね、みんなポカンよ。あたしもそのまま学校に行った。

でもね、その夜。みんなで、って言っても姉貴はいないんだけど、晩御飯食べてたら。ぽたぽたぽた、ぽたぽたぽたぽたぽたぽた。水が垂れるような音がするの。母さんは、あら雨漏りかしら、なんて呑気なことを言ってたけど。でも。ず、ずずず、ずず。何かを引きずるような音もするの。

音は二階の、出ていった姉の部屋辺りから聞こえてくる。

変質者か、泥棒か。あんたもそう思うでしょ？　兄貴も、父さんもそう思ったのね。

父さんがスパナ片手に階段を上がっていった。あたしはそれを下から見てたの。兄貴はテニスのラケットを持って、あたしを守るように傍に立ってた。階段を一段一段上がっていく父さんが、闇に紛れて、姿が見えなくなって。そのとき。

「うわっ、うわあああああああっ」

びっくりするぐらいの大声がして、ダダダダ、と父さんが転げ落ちてきた。真っ青な顔して、脛の辺りから血なんて流してさ。二階を見上げてるの。

ずず、ずずず。ぽたぽた、ぽたぽたぽたぽた。ずずず、ずず。

またあの音が聞こえた。今度はさっきよりも、音が近い気がした。

ぽた。あたしの首筋に、冷たいものが落ちてきた。あたしは反射的に、上を見たの。

うちの階段は二階まで吹き抜けになってるんだけどさ。

闇の中から、びっしょり濡れた、ぼっさぼさの長い髪が、だらあ、と垂れ下がって。

その毛先から放たれた水滴が、ぽた、ぽたと水があたしの頬に落ちてんの。

あたしも思わず叫ぶところだったんだけど、その前に兄貴の手が口を塞いでた。

ずずず、ずずず。ぽたぽたぽた、ぽたぽたぽた。

天井に吸い込まれるようにして、髪は消えた。

父さんも見たし、あたしも、兄貴も見た。でも母さんには全く見えてなかったの。

翌日、父さんが不動産屋に怒鳴り込んでね。何て家を紹介したんだ、って。

けど、あなたそんなもの信じるんですか、って馬鹿にされて帰ってきちゃった。


それからね、出るのよ。

海老茶色の着物で、腰まで届くような長い髪を垂らして。びっしょり濡れてね。

いつも家の中の床が濡れてるの。ふと踏み出すと、足の裏がびちゃ、ってなるの。

気付けば廊下の端にいるし、和室の隅に立ってるし。冷蔵庫の陰にもいる。

襟元を押さえるように手を添えて、髪の合間からよれた口紅が見えて。

あんまり続くものだから、兄貴とあたしで近所の人に訊いて回ったの。そしたらね。

全部出るの。この一角、古い家並んでるでしょ。そこ、全部出るの。

何かを探し回ってるみたい、って言ってる人もいた。

ずっと隣に立たれて、許さない、許さない、って繰り返された人もいた。

拝み屋にも頼んでみたんだけど、ダメなんだって。

強すぎる。こんなのどうしようもない。この一帯を自分の縄張りのように思っていて、人が立ち入るのを嫌う。お前にはお守りをやるから、あれからは見えないはずだ。

でも、あれに見られた者は、祟られる。そんなふうに言われたの。

「だからね。あんたも家には入れられない」

雨に濡れた毛先から水滴を垂らしながら、雪江が言った。

その手首に巻かれたものを見て、昌子さんはああそうだったのか、と思った。

いつも雪江が身につけているミサンガ、随分地味な色をしているなと思っていたけど、あれはお守りだったのだ、と。

昌子さんはただ頷いて、雨の降る中を自宅へ帰った。

雪江はその後、高校を卒業するタイミングで家を出た。行方は知らない。

古い木造一戸建て達は今もそこに建っている。

雪江の一家は、母だけが今もそこに住んでいる。

二月十六日

兵庫県の、某総合病院での出来事である。

前年に喜寿を迎えた和夫さんは、その日、病室を移動したばかりであった。

昨年末以来病床にあったのだが、予後が芳しくない。個室に移ることでゆっくりと治療に専念できるように、というのが表向きの理由である。

八畳間ほどの広さに、電動ベッドとキャビネット、そしてロッカー。

窓の向こうには大きな公園が広がり、真冬でも暖かな陽光が射し込んだ。

妻の芳江さんと娘の嗣美さんは、少しずつ、しかし確実に弱まっていく和夫さんの命の炎を悟りつつも、この平穏な日々が一日でも長く続くことを願っていた。

担当医の許可を得て病室に補助ベッドと椅子を持ち込んだのも、交代で身の回りの世話をしつつ、残された時間を親子三人水入らずで過ごすためであった。

日付が変わって、しばらく経った頃。

部屋の外から話し声が漏れ聞こえることに、嗣美さんは気が付いた。

内容まではよく聞き取れずとも、くぐもった声で何事か会話しているのは分かる。

腰かけたままうつらうつらとしていた芳江さんの耳にも、その声が届いたらしい。

「こんな時間に誰やろか」と寝ぼけ眼で辺りを見回している。

カーテンを少し開いてみても、森閑とした公園に人はいない。建物直下には大型室外機が何基か並んでいたが、無言でファンを回すばかりである。

——ぼそぼそぼそ、ぼそぼそ、ぼそぼそぼそ……。

聞き間違いなどではない。誰かがどこかで喋っている。恐らくは、二人。

片方は女であることは間違いなさそうだ。

どこかの病室で、個室であるのを良いことにカップルが睦《むつ》み合っているのだろうか。

秘密めかして笑っているような雰囲気から、嗣子さんはそう感じた。

〈全く、こんな時間に……〉

耳を澄ませ、廊下を端から端へと回って、そこに並ぶ病室の様子を窺ってみる。

しかし。入院患者は、そのフロアには和夫さんただ一人だったのである。

「なぁ嗣美、この部屋、えらい埃が飛んでるなぁ。白い玉が一杯やで」

先ほどまでベッドで眠っていたはずの和夫さんが、突然目を開けた。

当然、病室は清潔そのものであり、埃が飛ぶ余地はない。仮に部屋の隅に埃があったとしても、消灯後の暗い室内で、玉として確認できようか。

「ロッカーの上に、何やろ、赤い目玉みたいなんがこっち見てるで」

嗣美さんは思わず振り返ったが、目玉はおろか、光るものすら見当たらない。

――気のせいやし、もう遅いんやから寝とき。

厭な予感を覚えつつ、そう返すのが関の山であった。


「ひゃははは、はは、ははははははは……！」

唐突に降り注いだ声に、嗣美さんは飛び上がるほど驚いた。

中年と思しき女が、大声で笑っているのだ。嘲笑う、といった言葉がぴったりの声で。

嗣美さんには、声の主がこの病室の中にいるように思えてならなかった。

それほどまでに笑い声ははっきりと聞こえたのである。

けれども、このフロアには和夫さん一家と、ナースステーションで待機する当直看護師しかいない。看護師は、夜中に大声で嗤うような真似はしないはずだ。

では、この声はいったい誰の声だというのか。

病室の天井から湧き出してくるかのような、この耳障りな嗤い声は。

臨終に当たり、「お迎え」が来るという話はよく聞く。

しかし迎えに来る者といえば、両親や兄弟というような親族であったり、あるいは特に親しくしていた友人であったりするのが常であろう。

嗣美さんは、和夫さんの元に来そうな物故者の声を、片っ端から思い浮かべてみた。

どう考えても声の主に心当たりはない。全くの他人である。

そんな女に、のこのこ来られる義理はない。当然、嗤われる筋合いもない。

嗣美さんは猛烈に腹が立った。

「見ず知らずの、お前ごときの来るところではない。帰れ」

虚空に向かって嗣美さんは吐き捨てた。何度も何度も、罵るように言葉を吐いた。

横では芳江さんが、何か怖いものを見る目でこちらの様子を窺っている。

――嗣美、どないしたんや。何がおるんや。

どうやら、憎々しいこの嗤い声は嗣美さんにしか聞こえていないようなのだ。

こんなに大きく、部屋中に響いているというのに。

「ひゃはははは、あははは、あはははははは……！」

病室を右往左往する嗣美さんを面白がるように、中年女が高笑いする。

カバンから取り出した御守りを和夫さんに持たせてみても、気休めにすらならない。

塩でもぶち撒きたいところであるが、残念ながらここにそんなものはない。

こんな夜中では、売店も閉まっている。

全く以て、為す術なしである。

嗣美さんの言葉を借りると「馬鹿笑い」としか言いようのないそれが、病室の壁を、窓を、天井を伝って渦巻いている。ぐるぐる、ぐるぐると。

もはやどこから声がしているのかも分からないぐらいに、ぐるぐる、ぐるぐると。


ぴりりりり、ぴりりりり。

ぴろりぴろりぴろり、ぴろりぴろりぴろり。

ベッド脇のモニターが色とりどりに点滅して、病床にある生命の危機を奏で始めた。

ぱたぱたぱたぱた。廊下をこちらへ駆けてくる足音がする。

ひゃはははははは。生者を見下す馬鹿笑いが響いている。

ひゃはははははは。ひゃはははははは。ひゃはははははは。

＊

昇り始めた朝陽が、公園に陰影を描き始める。

からっ風がごうと吹いて、骸《むくろ》のような木々をがさがさと揺らした。

和夫さんの病室は、駆けつけた看護師と医師で溢れんばかりになっていた。

体温・脈拍・血圧・呼吸速度といった生命の証しを示したモニターが、囃し立てるようにあらゆるアラームを鳴らし、火急を知らせる明滅を繰り返している。

白衣の背中越しに見える和夫さんは、ぜいぜいと荒い呼吸を小刻みに繰り返しながら、薄い胸を上下させている。それでもなお、医師と何事か話しているのが聞き取れた。

室内に響いていたあの笑い声は、かき消されるようにどこかへ行った。

代わりに、矢継ぎ早に指示を出す声、誰かと連絡を取り合う声が飛び交っている。

「ゆっくり、寝たいです」

不意に響いた和夫さんのその言葉に、病室がしんとなった。

医師が、嗣美さんの顔を見る。それで良いですか、という目をしていた。

薬を投与すれば、少しは呼吸も楽になるだろう。

落ち着いて、しばしの間休むこともできるだろう。

しかし、一度眠れば父はもう目覚めることはあるまい。そんな予感がした。

家族の同意を得て、点滴に薬剤が注入された。
苦しげだった呼吸が、徐々に穏やかになっていく。
胸のつかえが取れたのか、ゆっくりと、静かに眠りに入ったようだ。
病室に訪れた、つかの間の平穏。そして。
それまで規則的に鳴っていた心拍数のモニターが、平らな音を立てた。
脇に控えた医師が所定の診察を行い、そしておごそかに臨終を告げた。
嗣美さんは急いで息子の電話を鳴らした。和夫さんから見れば孫に当たる人物である。
今、和夫さんが心停止した。何か声を掛けてやってくれ、と。
「おーい、朝やで。起きてや」
和夫さんの耳に押し当てられた携帯電話から、そんな言葉が漏れ聞こえた直後。
うんうん、うんうん。
分かっていると言わんばかりに、和夫さんの頭がゆっくりと前後に動いた。
ぴっぴっぴっぴっ。拍動が再開したことを、モニターが音で知らせる。
居並んだ看護師が、医師が顔を見合わせた。
処置も取っていないのに、蘇生したというのか。
医師が身体に飛びついて、慌てて確認を行った。けれども。

生命の兆候を得ることができない。やはり、和夫さんは臨終を迎えているのである。
「いつまで寝てるんやぁ。朝やで」
誰よりも好きだった祖父に向かって、和夫さんのたった一人の孫が呼びかける。
その声に応えるかのように、和夫さんが再び頷いた。うんうん、うんうん、と。
そして頭の動きに合わせて、モニターが規則正しい電子音で心拍を伝えるのだ。
和夫さんはもう二度も臨終が確認されているというのに。
看護師のうわずった声がした。
——先生、もうモニターのスイッチ切ってるんですよ。それやのに。
「おーい。はよ起きてや。みんな待ってるで」
電話の向こうからは、和夫さんを呼ぶ湿った声がなおも続いている。
うんうん、うんうん。和夫さんは三度頷いた。
ぴっぴっぴっぴっ。心拍を表すグラフも、声に応えるかのように表示される。
——あかん。もう、こわい。
看護師が泣き始めた。見るに見かねた医師が、モニターの電源ケーブルを引き抜いた。

そして今度こそ、和夫さんの「死」が確実なものになったのであった。

死を迎えた人間に残された、最後の感覚は聴覚である、と言われることがある。
人生の幕引きの瞬間に、いつも可愛がっていた孫の声を聴いたのであろうか。
そして、その声に応えようとしたのであろうか。
真相は、和夫さん本人のみが知る。
けれどもこれは確かに、私が母から聞いた、祖父の臨終にまつわる物語なのである。

あとがき

とうとう紙幅が尽きた。ここで荷を解き、旅をいったん終えようと思う。

まずは、本書を手に取り、共に旅を続けたあなたに最大限の感謝をお伝えしたい。旅を終えたあなたは、今いかなる光景の中に立っているのだろうか。荒涼たる原野か、極楽浄土もかくあるやという美景か、はたまた腐臭漂う地獄か。

いや、所詮ただの本じゃないか、何があるものか——と、あなたは笑うかもしれない。だが、気を付けてほしい。意識するしないに拘らず、一度眼前に怪異を呼び起こしてしまったあなたは、もはやかつてのあなたではないのだ。双眸に映る日常の光景には、既にかすかな綻びが生まれているかもしれないのである。

そして、体験談を語って下さった方々に、深く厚く御礼を申し上げたい。余りの忌わしさに外では話せなかった記憶を、誰にも信じてもらえず歯噛みしたような記憶を、人生の一ページとして大事に仕舞っておいた記憶を、著者に託して下さったからこそ本書が成立したのである。心から、感謝の言葉を申し述べたい。

私は「あなたの記憶を、記録する」と銘打って、実話怪談記録業を営んでいる。

それにふさわしく、皆さんからの負託に応えられる文章に仕上がっているだろうか。

唯一無二の記憶を、記録として正しく後世に伝えられるであろうか。

原稿を書いていても、こうして本になっても、それだけが気掛かりなのである。


御承知のとおり、本書は『怪道を往く』という題を掲げている。

しかし、「怪道」とは単に「街道」をもじった訳ではない。

怪談というものと向き合う「心構え」「哲学」「価値観」を包含した『道』である。

「怪道を往く」ということはすなわち、怪異（現象）を怪談（文章）にするまでの一連の過程をいま一度確かめ、体験者の思いを汲み取り、文字に起こすということであった。

道のりは時に険しく時に楽しく、山あり谷ありであった。

しかし、いま一度時間を掛けて怪談と向き合い、他の作家さんではなく高野真が怪談を書く意味とは何なのか、何をどう書くべきか、考えることができたと思っている。

「高野真の怪談」と大層なこと言うつもりはないが、「らしさ」を感じていただければ、これに勝る喜びはない。

ところで、世は怪談ブームであるらしい。数多の書物が、たくさんの人々の手に渡っているようだ。ブームの末端に乗ってデビューした者として、大変喜ばしく思っている。

だが、どうも一部のマニアの言説が目に付くのである。これについて、書いておく。

自分の知っている心霊スポットや地名が出ないと「地霊」を感じられない人。

自分の好みでないパターンの怪談が載った本は「玉石混淆」としか評価できない人。

あるいは、幽霊が出る話を怪談、出ない話を奇談と勝手に線引きする人や、話にオチがなかった、と勝手に落胆する人。訪問した心霊スポットの数だけを無意味に誇る人。

自らは集めることも語ることも一切せず、他人様の記憶を一方的かつ高所から査定し、優劣を付けて悦に入るなど、何たる傲慢だろうか、と私は思う。

——つい、愚痴が多くなった。説教がましい文章もまた、唾棄すべきものである。

ともあれ、怪談にあるべき姿などなく、ただ一つ一つの人間の記憶があるのみなのだということを、私は改めて強く主張したいと思う。「怪しい話」は、みな怪談なのである。


さてここで、自身の近況も記しておかねばなるまい。

今般私は、十一年間を過ごした東北の地を離れ、東京に住まいを移した。

近辺にお住まいの皆さんには、機会あらば是非取材にお伺いしたいと思っている。